班级管理的创新
集体建设的规范
学生发展的平台

内含 **7** 堂班级会议实录视频

不一样的班会

冯志兰 —— 著

华东师范大学出版社
·上海·

图书在版编目（CIP）数据

不一样的班会 / 冯志兰著. —上海：华东师范大学出版社，2021

ISBN 978-7-5760-0827-2

Ⅰ.①不… Ⅱ.①冯… Ⅲ.①班主任工作 Ⅳ.①G451.6

中国版本图书馆CIP数据核字（2021）第054424号

不一样的班会

著　　者	冯志兰
责任编辑	师　文
责任校对	劳律嘉　时东明
装帧设计	俞　越

出版发行	华东师范大学出版社
社　　址	上海市中山北路3663号　邮编 200062
网　　址	www.ecnupress.com.cn
电　　话	021-60821666　行政传真 021-62572105
客服电话	021-62865537　门市（邮购）电话 021-62869887
地　　址	上海市中山北路3663号华东师范大学校内先锋路口
网　　店	http://hdsdcbs.tmall.com/
印　刷　者	上海市崇明县裕安印刷厂
开　　本	787毫米×1092毫米　1/16
印　　张	14
字　　数	407千字
版　　次	2021年8月第1版
印　　次	2025年7月第3次
书　　号	ISBN 978-7-5760-0827-2
定　　价	42.00元
出　版　人	王　焰

（如发现本版图书有印订质量问题，请寄回本社客服中心调换或电话021-62865537联系）

序言一
基于儿童立场的班会课创新实践

成人眼里的班会课，是思想教育、习惯养成、道德规训，是教师板着面孔训学生，因此，很难走进学生的心灵深处。从儿童立场出发，班会课可以是孩子们自己的议事会议，是他们从自己的困惑烦恼出发，群策群力，依靠自己的智慧寻找解决问题的途径与方法；可以是一起给班级起名字、设计班徽，一起制定班规，一起讨论班级重大事务。对于孩子们的成长而言，班级无小事，事事要关心。从由班主任主导的班会课，变身为学生自己主持的班级会议，每个人都是班级的一员，他们从这里开始过班级的集体生活，成为班级的小主人，主动参与，讨论班级事务，合作共建班集体。冯志兰老师的《不一样的班会》这份由"情境—论述—案例—方案设计"等组成的内容丰富、形式活泼、动态生成的班会课研究方案，为我们提供了"不一样的班会"图景，对于广大一线班主任老师来说，有着重要的启示和借鉴意义。

2021 年 6 月 23 日

序言二
班级会议：不一样的别样红

冯志兰老师是上海市班主任队伍中年纪最轻的特级教师之一，她在改革和创新班主任工作载体方面有着突出的贡献，特别是她的"班级会议"这一班级教育的新模式更具有首创意义，产生了广泛的辐射度和影响力。我曾多次听过她执教的"班级会议"，多次参与过有关"班级会议"的研讨展示活动，对这一种班级主题教育活动的新形式留有深刻的印象和美好的记忆。她曾经跟我说过，想把她有关"班级会议"的探索实践整理成一本固化成果，并托我为其作序，我欣然应允以表支持。不曾料想，这本以"不一样的班会"为书名的专著已经完稿，即将付之梨枣，真可谓博观而约取，厚积而薄发啊！试想，如果没有多年来立足基层、坚守班级、开展坚韧不拔的艰苦探索和实践研究，怎么可能收获如此丰硕的成果呢？基于此，无论从哪个角度，或师徒缘、同行谊，或忘年交、德育情……我都有义务为此站台背书。更何况，这确实是一本高立意、新创意和深寓意的好书，不仅具有专业的学术价值，更有实践意义上的成果性应用转换价值和操作性迁移辐射价值，值得点赞和打"call"——

首先，体现在学术层面上的"不一样"而呈现出的"别样红"。

本书取名"不一样的班会"，我想，这里的"不一样"不仅仅只是提出了"班级会议"这样一个新概念和新形式,更是其背后的理念和理论支撑。这种"不一样"而呈现出的"别样红",主要反映在以下几个"凸显"上。

1. 凸显学生本质力量的真主体

我们可以从书中看到,作者坚守儿童立场,始终把学生当作教育的目的和资源,让班级会议成为能显现学生主体本质力量的宜人的形式,把由成人控制和主宰的活动时间、活动空间、活动内容等真正还给了学生,以此确保学生的主体地位,把停留在嘴上的"假主体"变成了"真主体"。

2. 凸显学生群体文化的真生活

班级生活是学生全部生活中的重要内容,它是以学生文化为基础和特征的。我们可以从书中看到,班级会议之所以能够确保学生的主体地位,就是源于班级会议的内容都是来自以学生文化为主体的班级公共生活,都是指向他们自己的生活,而不是由成人强加的"假生活"。

3. 凸显问题需求情景的真体验

体验是德育的"内核",没有体验的德育是伪德育;同样,没有来自"真生活"的体验也是"假体验"。我们可以从书中看到,班级会议就是以学生问题需求场景为导向和驱动的,让他们在其中感悟体验,进而习得和悟得生活经验或教训,在"真体验"中获得"真成长"。

4. 凸显同伴自主互助的真教育

我们不反对优秀成人文化的指导价值;同样,我们也不否定学生之间同伴互助的教育意义。从本质上说,只有唤醒受教育者的生命自觉,在自主互助的过程中快乐幸福成长,那才是"真教育"的一种境界:有意义的价值引领。我们可以从书中看到,班级会议就是这样的一种教育。

5. 凸显班主任专业发展的真本领

班级集体建设是班主任育人的操作系统,是班主任专业化的标志。

在纷繁复杂的教育实践中能做到：事的精彩描述、术的精辟分析、器的精到运用和道的精炼归纳，这是反映在班主任专业化优秀品质上的"真本领"。我们可以从书中看到，班级会议确实是有助于班主任专业发展的"高速公路"。

其次，体现在精神层面上的"不一样"而叠映出的"别样红"。

我们更能透过浓浓的墨香，悟出另外一种由"不一样"而叠映出的"别样红"，即本书背后折射出的、凝聚在作者及其团队身上的精气神韵——一种由献身教育的初心、爱满天下的情怀、教育本源的执着追求和高远的教育境界等集聚而成的崇高精神；一种由锐意改革、开拓创新、攻坚克难、永不言败、仰望星空又脚踏实地的务本求实和追求卓越等涵养而成的浩然气概；一种由健康的价值观、高尚的道德情操和站在时代前头的学术水平以及不言之教的人文力量和润物细无声的人格魅力等蕴藉丰润而成的动人神韵。这让我们看到了一群普通班主任锐意改革、开拓创新的足迹和成果，体验到了他们在班主任队伍专业化建设道路上不断前行的艰辛和快乐，感悟到了以作者为主持人的班主任工作研究群体务本求实、甘于奉献、追求卓越的理想光芒。因此，确切地说，这是一本凸显教育初心、信念使命和专业素养的智慧之书，虽然它很普通，却能给人以感动，启人以理性，催人以奋进，不负韶华，永续始终。我想，也许这就是本书的力量之源泉。

写完这段话，望着窗外浓浓的绿意，忽然意识到时令已经进入了"一切至此皆长大"的夏季，不由想起了宋代诗人杨万里的不朽诗篇《晓出净慈寺送林子方》，故步其韵学作小诗一首以共勉：

立德树人坚守中，器术相宜难求同。
锐意创新不离宗，班级会议别样红。

这也是我之所以为序文取名"班级会议：不一样的别样红"的初衷，

谨以此献给冯志兰及其小伙伴们，愿在班主任专业的绿夏里不断成长，再创一片充满希望和幸福的新绿！

老朋友陈镇虎写于"一切至此皆长大"的辛丑仲夏

自序
我们为什么要写这本书

《不一样的班会》是励志育兰工作室（上海市中小学班主任带头人冯志兰工作室）"基于小学生核心素养'自主管理'的班级公共平台构建与研究"项目中"话语平台——班级会议"的研究成果。

在工作室成立之初，学员们经历了两个月密集的通识培训。培训期间，大家一起听讲座、一起课间休息、一起午间用餐，一群志同道合的班主任老师聚在一起，难免会聊起自己多姿多彩的工作经历。在和大家聊天的过程中，我发现学员们在实际工作中会遇到种种问题，而其中不少都指向了班级建设过程中的理念问题——教师在其中的角色是什么样的，是否摆对了自己的位置？为什么班级中的大小事情都要班主任来做决定，学生有没有充分的话语权？这些问题其实都指向了一个答案，那就是师生交流沟通的模式决定了学生自主自治的能力水平，而这一能力水平从某种意义上来说可能决定了班主任处理班级事务的工作量和工作效率。

于是，我开始思考，有没有一种策略，既可以促进师生与生生之间的沟通，又可以激发学生参与班级管理和班级公共事务的兴趣，还可以培养他们自主自治的能力，从而为班主任老师减负。

就这样，工作室以"基于小学生核心素养'自主管理'的班级公共平台构建与研究"为项目,以"话语平台——班级会议"为抓手,力图通过研究建构师生之间交流和沟通的新媒介、小学生学习自治的新平台——班级会议,增进彼此间的信任与和谐,同时培养学生自主自治的能力。

定准了研究的方向,我们就通过研读杜威的《民主主义与教育》等相关理论书籍,充实自身的知识储备和理论功底,为项目研究的开展做好"情报综述"和理论支撑。为了验证研究的成果,我们把研究的初步结论带进班级,带入课堂。

第一个"吃螃蟹"的是沈韶华老师,她通过"关于带手机话题的讨论"的主题班会,向工作室的学员们呈现了一堂与众不同的班级会议。看到学生们在会上侃侃而谈,就真问题提出真看法,大家进一步感受到了班级会议带给班级的新气象。随后的一个学期,我们走访了十位学员的学校,观看了一场场不同主题的班级会议。这些班级会议从班级实际问题出发确定会议议题,从培养学生成为班级主人的角度出发,让会议真实呈现班级原生态。实践验证了我们的研究结论:班级会议不同于班会课,它是学生自治的平台,是班级决策和议事的平台,也是学生成长和发展的平台。班级会议的决议就是全班共同执行的任务。班级会议在讨论决策的过程中既遵循了民主原则,把协商民主与票选民主相结合,又吸取了相关议事规则中的合理元素,形成班本特色的议事流程。班级会议的探索实践让高年级的孩子更有主见,让低年级的孩子更愿意表达;让民主班风逐步形成,让班级凝聚力不断提升。

通过研究,我们积累了一批第一手的资料,于是开始思考如何把研究成果分享给更多的一线班主任老师们,希望能够抛砖引玉,启发广大班主任老师们对自身工作的思考,并勇敢尝试这种全新的师生关系与班级管理模式。

本书共有六篇,每一篇分别从问题情境引入,引出班主任老师在日常班级工作中的一些困惑;随后通过理论层面的论述,帮助老师们厘清思路，寻找解决问题的方法；再通过班级会议的案例呈现一线班主任解决此类困惑的途径和方法；最后呈现一份班级会议的预案设计和现场会议实录，给一线班主任老师们在班级会议设计时作参考。另外，本书还呈现了七堂精彩的班级会议实录视频，真实还原了"不一样的班会"的实践形态。

本书的框架结构如下所示：

	我的困惑 （班主任工作中的常见问题）	为你解惑 （针对常见问题的理论解答）	班会时间 （运用班级会议解决常见问题的具体实践）
第一篇 班会课与 班级会议	"班会"究竟是会还是课	班级会议并非主题班会	1. 用班级会议催生起始班学生的集体归属感——我们的班名我们做主："四季逗"诞生记 2. 班级会议代表全班同学提倡议——从小事做起美化环境：一份倡议书的由来
第二篇 班主任与 "班主人"	让学生做班级的主人，能行吗	合理安排班级架构，人人都做班级主人	1. 在共同策划和实施中丰富学生的毕业季——美丽实小之当家我发现：毕业季，做一回校园小主人 2. 班级会议优化教室垃圾处置方案——改进班级卫生值日规则：开完会后，我们的教室更干净了
第三篇 班级会议 主题的应 景与务实	班级会议的主题如何定	统筹兼顾，应景与务实相结合	1. 通过班级会议增补班级公约——手机使用公约修订：手机铃声响起后 2. 用班级会议解决突发事件——让课间活动更有序：亮亮摔伤了
第四篇 班级会议 内容的预 设与生成	班级会议需要排练吗	适当预设，充分讨论	1. 有预设和无预设，效果大不同——完善小岗位评价制度：岗位评价，我们有话说 2. 让预设与生成共精彩——午餐管理员述职：岗位述职，我们都是最棒的

(续表)

	我的困惑 （班主任工作中的常见问题）	为你解惑 （针对常见问题的理论解答）	班会时间 （运用班级会议解决常见问题的具体实践）
第五篇 班级会议过程中的协商与表决	讨论班级事务时如何对待学生不同的声音	尊重学生话语权，协商沟通来解决	1. 一次特别的班级推优会议——班级推优："我不同意！" 2. 协商使十分钟队会更精彩——完善十分钟队会人员产生方式：十分钟队会，十分用心
第六篇 班级会议的执行与监督	选上的班干部不履职怎么办	执行平台和监督平台双管齐下	1. "小岗位"班级会议的会上与会后——完善班级小岗位：执行监督双管齐下促成效 2. 班干部的竞选与评议——班干部竞选：竞选评议两不误

在我们的班级会议现场，大家会听到"主席""动议""附议""表决"等专用的会议名词，在班级会议上使用这些专用的会议名词的目的是让学生们在开会时有一种正式的感觉，给予他们一种仪式感和当家作主的自信。这些专用名词的含义分别是：

（1）主席：主席是会议的主持人，他必须始终保持中立，维持会议的秩序，保证会议的有序进行。

（2）动议：动议就是行动的建议，一般需要学生先想怎么做，再提出自己的观点或方案，供大家讨论。

（3）附议：附议就是同意别人的提议。只要有一个人附议，则该议题就会进入班级会议的议程，从而达到保护少数人声音的目的。

（4）表决：在讨论之后，全班学生通过举手的方式表达自己是否支持此项动议。

我们希望通过这本书，能让越来越多的班主任老师们尝试班级会议这一形式，能出现越来越多的精彩案例，让越来越多的学生长久地受益。

目 录

会议现场实录视频索引 /1
从"小八腊子"开会说起 /1

第一篇　班会课与班级会议

【我的困惑】"班会"究竟是会还是课　/3

【为你解惑】班级会议并非主题班会　/4

【班会时间】

  1. 用班级会议催生起始班学生的集体归属感
        ——我们的班名我们做主："四季逗"诞生记　/8

    附：班会预案设计　/12

        会议现场实录　/15

  2. 班级会议代表全班同学提倡议
        ——从小事做起美化环境：一份倡议书的由来　/22

    附：班会预案设计　/26

        会议现场实录　/28

第二篇　班主任与"班主人"

【我的困惑】让学生做班级的主人,能行吗　/37

【为你解惑】合理安排班级架构,人人都做班级主人　/38

【班会时间】

1. 在共同策划和实施中丰富学生的毕业季
   ——美丽实小之当家我发现:毕业季,做一回校园小主人　/44

   附:班会预案设计　/53

   　　会议现场实录　/56

2. 班级会议优化教室垃圾处置方案
   ——改进班级卫生值日规则:开完会后,我们的教室更干净了　/61

   附:班会预案设计　/67

   　　会议现场实录　/69

第三篇　班级会议主题的应景与务实

【我的困惑】班级会议的主题如何定　/81

【为你解惑】统筹兼顾,应景与务实相结合　/82

【班会时间】

1. 通过班级会议增补班级公约
   ——手机使用公约修订:手机铃声响起后　/85

   附:班会预案设计　/90

   　　会议现场实录　/92

2. 用班级会议解决突发事件
   ——让课间活动更有序:亮亮摔伤了　/96

   附:班会预案设计　/100

   　　会议现场实录　/102

第四篇　班级会议内容的预设与生成

【我的困惑】班级会议需要排练吗　/109

【为你解惑】适当预设，充分讨论　/110

【班会时间】

    1. 有预设和无预设，效果大不同

        ——完善小岗位评价制度：岗位评价，我们有话说　/114

    附：班会预案设计　/117

        会议现场实录　/120

    2. 让预设与生成共精彩

        ——午餐管理员述职：岗位述职，我们都是最棒的　/124

    附：班会预案设计　/128

        会议现场实录　/131

第五篇　班级会议过程中的协商与表决

【我的困惑】讨论班级事务时如何对待学生不同的声音　/141

【为你解惑】尊重学生话语权，协商沟通来解决　/142

【班会时间】

    1. 一次特别的班级推优会议

        ——班级推优："我不同意！"　/146

    附：班会预案设计　/150

        会议现场实录　/152

    2. 协商使十分钟队会更精彩

        ——完善十分钟队会人员产生方式：十分钟队会，十分用心　/156

    附：班会预案设计　/159

        会议现场实录　/162

第六篇　班级会议的执行与监督

【我的困惑】选上的班干部不履职怎么办　/171

【为你解惑】执行平台和监督平台双管齐下　/172

【班会时间】

 1. "小岗位"班级会议的会上与会后
   ——完善班级小岗位：执行监督双管齐下促成效　/175

 附：班会预案设计　/178

  会议现场实录　/180

 2. 班干部的竞选与评议
   ——班干部竞选：竞选评议两不误　/183

 附：班会预案设计　/188

  会议现场实录　/190

后记一　/197

后记二　/201

会议现场实录视频索引

第一篇　班会课与班级会议

📺 用班级会议催生起始班学生的集体归属感
　　——我们的班名我们做主:"四季逗"诞生记　　/15

扫码观看视频

第二篇　班主任与"班主人"

📺 在共同策划和实施中丰富学生的毕业季
　　——美丽实小之当家我发现:毕业季,
　　做一回校园小主人　　/56

扫码观看视频

📺 班级会议优化教室垃圾处置方案
　　——改进班级卫生值日规则:开完会后,
　　我们的教室更干净了　　/69

扫码观看视频

第三篇　班级会议主题的应景与务实

📺 通过班级会议增补班级公约
　　——手机使用公约修订:手机铃声响起后　　/92

扫码观看视频

第四篇　班级会议内容的预设与生成

▶ 让预设与生成共精彩
　　——午餐管理员述职：岗位述职，
　　我们都是最棒的　　　　　　　　　　　　/131

第五篇　班级会议过程中的协商与表决

▶ 一次特别的班级推优会议
　　——班级推优："我不同意！"　　　　　　/152

第六篇　班级会议的执行与监督

▶ 班干部的竞选与评议
　　——班干部竞选：竞选评议两不误　　　　/190

从"小八腊子①"开会说起

"落雨了,打烊了,小八腊子开会了……"

这是在老上海流传很广的一首儿歌,后来还被作曲家徐坚强谱成曲,作为《路边童谣》中的一段。小朋友在念这首儿歌或者传唱这首童谣时,都会显得格外高兴,甚至有些洋洋得意。怎么会这样呢?我们觉得,这一现象说明"小八腊子"们对开会还是很感兴趣的!

为什么"小八腊子"们喜欢开会呢?也许这和孩子们的天性有关。孩子们多数喜欢热闹,而开会就可以"凑个热闹":开会可以与许多小伙伴见面、聊天、交朋友;开会可以把自己听到的、看到的、想到的和别人分享,也可以从别人那里听来许多新鲜的事;开会还可以与小伙伴们商量到哪里玩、怎么玩……于是,开会成了孩子们生活中的重要内容。

今天的小学生,在入学之后,有更多的机会接触到各种各样的"会":班级里开班会,各中队开队会,小干部开例会,学校开运动会,节日里开庆祝会,平时开表彰会……更有一年一度的少年队员代表大会(简称少代会)——由少先队代表参加,讨论学校少先队工作,选举少先队干部……有机会参加这么多会,那么是不是每个孩子都很高兴,都乐意参

---

① "小八腊子"在上海方言中是小孩的意思。

加这形式多样的"会"呢？是不是每个孩子都能在不同的"会"中有所收获呢？似乎不尽然。不少孩子对参加一些会议的兴趣并不大，甚至对某些会议有抵触情绪。其根本原因在于开会的模式没有大的改革创新，总是"千会一面"，没能真正满足孩子们对开会的期望。或者说，所开的会没有充分符合孩子们心目中理想的模样。

就拿学生接触最多的班会来说，目前大致有以下六种形式。

一是上课式。就是把班会作为一堂课对待。由于班会被列入了学校的总课表，班会也被有些地方称为班会课。既然是课，就会用上课的样子来开班会。上课是什么样的？当然是以传授知识和道理为主的。因此，这样的班会往往以老师讲学生听为主。也有师生一问一答式的互动较多的班会课，而更多的则是老师单方面灌输，讲道理提要求多，讨论和解决班级实际问题少。

二是包办式。包括班主任包办和班干部包办。在这样的班会中，班会的内容、形式都是班主任说了算，或者由班主任下达"命令"，然后由班干部去执行。而大多数学生只是班会中的观众或听众，对班会的内容和形式很少有发言权。

三是应景式。主要表现在平时很少开班会，往往只在节日、纪念日或有重大活动时才开班会。由于开班会的目的是为了应景，所以班会的重点放在了热闹上，最常见的就是把文娱节目拼凑成一台会，来烘托和渲染相应的气氛。习惯于开应景式班会的班级，很少会从学生的实际生活中提炼班会主题。

四是表演式。这类班会表面上似乎是由学生主导、由学生主持的，但实际上开会的脚本基本都是由教师制定的，学生按脚本进行排练，直到熟练，才开始正式开会。开会时，主持人照本宣科（或者是脱稿背诵），一切环节也都按预排的流程进行，整个过程带有表演的色彩。学生不但没有自主权，而且由于会前已多次排练班会内容，等正式开会时，学生已感到兴味索然了。

五是从众式。这样的班会中是能够讨论一些班级的实际问题的，如选举班干部、制定班级公约等，但讨论中较多的是流于形式，不能做到充分听取不同意见，从根本上说是真主意假商量，最后采用服从多数的办法做表决。慢慢地，学生也养成了从众心理，认为反正随大流就不会错。

六是空谈式。这样的班会相比较前几种有较大改善，也是经过老师和学生精心准备的。在班会中会讨论通过一系列要求和举措，但班会开完也即所有内容的结束，要求和举措往往停留在纸面上，会后没有相应的执行和监督机制。

以上这样的班会，当然不能尽如人意，也难怪"小八腊子"们对此兴致不高了。归根结底，以上做法都不符合开会应有的样子和规范，因此也就难以收到好的效果。

于是，我们就想尝试改变一下现状，探索一种不一样的班会模式，让班会以一种全新的面貌呈现在学生的面前，让学生不但喜闻乐见，而且乐于参与其中。当然，正如一首歌里唱的："说不一样，其实也一样。"因为我们要做的恰恰是让班会回归开会本来应有的样子。

那么，我们的"不一样的班会"，究竟"有啥不一样"呢？归纳起来，就是以下六个不一样：

与上课式不一样，班会是名副其实的开会；

与包办式不一样，每个学生都是班会的主人；

与应景式不一样，班会重视从学生日常生活中提炼主题，解决实际问题；

与表演式不一样，重视真实的互动与生成；

与从众式不一样，鼓励独立思考，包容不同观点，充分讨论协商，兼顾服从多数与尊重少数；

与空谈式不一样，会后要建立常态化的执行与监督机制。

我们是怎样进行尝试的呢？在尝试过程中又发生了哪些有趣的故事呢？请读者朋友们跟随我们一起打开这扇"不一样的班会"的大门，一起去探个究竟吧！

第一篇

班会课
与班级会议

我的困惑

"班会"究竟是会还是课

又是每周一早晨的班会时间,勤勤老师打开周末认真制作的PPT课件,就最近班级里比较集中出现的课堂纪律问题给大家上了一堂主题为"行规教育"的班会课。

勤勤老师的PPT课件图文并茂,不仅有丰富精美的图片,还有许多名言警句,为学生提供了精彩的知识内容;同时,勤勤老师还设计了一些问题,让学生们自己说一说可以如何改变现状。同学们在课堂上说得头头是道,勤勤老师也充满期待。然而,接下来的一周里,勤勤老师发现班级的课堂纪律几乎没有什么改善,班会上强调的保持课堂纪律、节约粮食、课间要文明休息等问题,同学们都没有做到。"好像每次精心准备的班会课只是在平静的湖面上泛起一丝涟漪,并没有激起什么水花。为什么会这样呢?"勤勤老师非常沮丧。于是,她不由地反思起自己的课堂——是课上得不好,还是其他方面出现了问题呢?"班会"这节课究竟应该怎么上?

这些问题令勤勤老师焦心,她立即找到了资深班主任冯老师。冯老师听完,微笑着问道:"你是怎么上这个'班会'的呢?"

"我在课前做了大量的准备,根据班会主题,结合班级中存在的实际问题,一一罗列;为了让孩子们印象深刻,我还配了很多图片。结合这些现象,帮他们分析原因,给出解决办法,每次都说得我口干舌燥。"

冯老师若有所思:"看来你总是以自己为主导来'备课'。你有没有想过孩子们是不是喜欢呢?他们有没有自主参与到班会的过程中去呢?可能以这样的方式解决问题只是你一厢情愿的想法,班会可不能像平时上课那样设计啊!"

勤勤老师陷入了沉思:"既然班会课不能像我们平时上课时那样设计,那么究竟应该以怎样的形式来开展呢?"

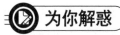

班级会议并非主题班会

"星期五下午第二节是什么课?"

"班会课。"

班会课的提法被大家普遍认同,似乎没有什么异议。但我们有没有想过:班会课究竟是会还是课呢?

有人会说:"当然是课。它是排在课程表里的,而且一般都是用一堂课的时间来进行的。"

有人不同意:"班会是开会,顾名思义应该是会。"

也有人说:"说课也对,说会也没错,课与会有什么不一样呢?"

其实,上课与开会确实不一样。

上课是根据教学大纲或课程标准和教材来进行的。在课堂上,教师的任务是教学生,学生的任务是习得知识,接受教育。通过教师的教育引导,让学生在知识、方法与能力以及情感态度与价值观等方面得到发展。由于上课的内容要求围绕教学目标，而内容与目标都是预设的，达成目标就意味着一堂课的教学任务完成了。所以，除非发生突发事件，上课的结果一般都是没有悬念的。

开会是针对需要解决的问题来进行的，开会的主要任务就是让与会者一起讨论和商议解决问题的办法。与会者之间是平等的，主持人也是持中立态度的。由于每个人的意见不一，最后能否得出统一的结论，得出怎样的结论，往往是不可预知的，因而开会的结果充满悬念。

了解了上课与开会的不同，我们不妨对照一下我们的班会课，它更接近于上课还是更类似于开会呢？

如果我们的班会课主要是班主任老师围绕某一个主题对学生进行知识与道理的讲授，或对学生的行为表现进行讲评或教育，这样的班会课更接近于上课，因而人们习惯称它为"班会课"。

如果我们的班会课主要是针对班级的问题开展讨论，让师生在共同的讨论中达成共识，推进班级的建设，并让学生从中增强主人翁的意识和学习自治的能力，这样的班会课就符合开会的要求。这时的"课"只是表示它列入了学校总课时的计划中，有固定的时间保障而已。所以称它为"班会"更妥当。

这两种班会形式，你更喜欢哪一种呢？

毫无疑问，只有真的把班会开成会，发挥其解决班级问题、推进班级建设的功能，学生的智慧和潜能，以及对集体的责任心、认同感才能得到充分的发展，学生才能通过班会获得更符合现代社会需要的成长经历。

我们所说的"不一样的班会"，首先就是要回归开会的本质与功能，而不能以上课代替开会。

再进一步，我们所说的"不一样的班会"，开的还不是普通的班会，而是班级会议。有人会说，班会不就是班级会议的简称吗？有什么不一样呢?

班会有各种各样的,有交流式的班会、动员式的班会、讲座式的班会,还有主题班会,等等。它们都有解决问题的功能,但不能都称为"班级会议"。

班级会议不只是开一次会,而是班级建设的一种机制,它是班级的议事平台和决策平台。班级里的重大事务,都要由班级会议讨论通过,做出决议,然后按决议来执行。

像我们熟悉的少先队员代表大会(简称少代会),就是用来讨论决定少先队的重大事务的。不过,班级一共只有几十个人,不需要选代表开班代会,可以直接让全班同学一起讨论,决定班级的工作,这就是班级会议。因为小学生的年龄较小,所以在班级会议中需要教师的帮助和指导。同时,因为小学生在开班级会议时也是在学习如何决策班级事务,所以,班级会议又是在教师指导下学习自治的平台。

根据班级会议这样的性质,归纳起来其职能大致有以下几种:

(1) 制定或修改班级章程及各项规章制度、公约等;

(2) 制定或修改班级的各类象征物(如班徽、班歌、班级口号等);

(3) 选举班干部,组成班级委员会;

(4) 设定班级的各服务岗位、工作平台及其职责;

(5) 制定班级建设与发展计划;

(6) 策划重大的班级活动;

(7) 监督和评议各项规章制度及班集体建设发展计划的执行情况;

(8) 监督和评议班干部的工作;

(9) 对外代表班级发表评论、宣言,提出建议、倡议等;

(10) 讨论决定其他应由班级会议解决的事宜。

会议作为班级的议事和决策平台,就应当是严肃慎重的,为此,需要有一套规范的议事和决策程序,一般有如下程序:

(1) 事先召开预备会议或调研座谈会,拟定会议议题和会议方案；

（2）向全班征求对会议议题和会议方案的意见；

（3）准备（收集、整理）与会议议题相关的动议；

（4）发出召开班级会议的通知（告知会议时间、内容与议程）；

（5）选举大会主席、记录员；

（6）宣布班级会议开幕，说明会议议题和会议议程；

（7）讨论和审议相关的动议；

（8）修改动议或提出新的动议；

（9）对不同的动议进行协商；

（10）表决，通过大会决议。

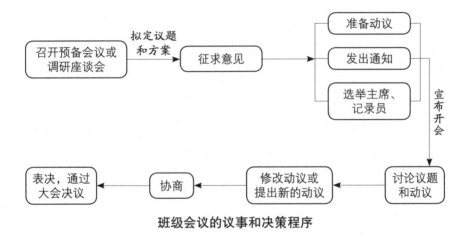

班级会议的议事和决策程序

本篇"班会时间"展示的第一个案例"用班级会议催生起始班学生的集体归属感——我们的班名我们做主：'四季逗'诞生记"，反映了班级会议的第二项职能：制定班级象征物。整个过程与班级会议的议事决策程序大体相符：首先，班主任先提出一个动议，通过写给每个学生一封信和家访的方式，向学生和家长征求意见，得到他们的认同；然后，发动学生和家长一起设计班名、班徽。在以上各项准备工作的基础上，召开班级会议。会议分两个部分进行：第一部分，讨论和决定班名；第二部分，讨论、筛选和确定班徽图案。班级会议上经过讨论和比较，最后一致通过最满意的班徽图案。通过这样的班级会议，把全班同学的心凝聚在一起，让每个班级成员从进入班级的第一天起，就学着以班级小主人的身份参与班级事务，共同建设和谐、快乐的班集体。

第二个案例"班级会议代表全班同学提倡议——从小事做起美化环境：一份倡议书的由来"，体现了班级会议的第九项职能，即对外代表班级发表评论、宣言，提出建议、倡议等。只有班级会议才能对外代表班级，有时班委会也可以代表班级，但必须先获得班级会议的委托，经过班级会议讨论决定或批准。

班会时间

1. 用班级会议催生起始班学生的集体归属感
——我们的班名我们做主："四季逗"诞生记

2016年7月，我回到了阔别七年的一年级，又一次接手了一个新入学的起始班。与以前一样，我第一个想到的就是要给这个班起一个特别的名字。这个名字应该由谁来起呢？是班主任，是孩子们，还是家长？我想，孩子们是班级绝对的小主人，所以，这班名应当让孩子们自己做主。而班主任和家长作为成年人，应该成为他们最有力的后盾，协助他们起一个响亮、有趣而又有意义的班名。于是在7月初的第一次入学前的教育时，我就给每个孩子写了一封信。

过了几周，我开始了我的家访之行。每到一个孩子的家中，我除了了解孩子的情况，与家长交流之外，还会从孩子们手中拿到这封"小小设计师"的回信。

我的班级我做主
——小小设计师活动通知

亲爱的小朋友：

首先，祝贺你即将成为一名小学生。从2016年9月1日起，你就是一年级(4)班的一员了，相信你一定很期待这一天早日到来吧！我是你的大朋友冯老师，在以后的小学生活中，我会和你们一起学习、一起游戏、一起成长。一年级(4)班将成为我们在学校里的新家，我们每个人都会成为这个家庭中的一员。那么，如何让我们的家更温馨、更美好呢？就请你一起参与到"我的班级我做主——小小设计师"的活动中来吧！你想为班级取个什么样的名字呢？你觉得班级的班徽应该画上什么图案呢？什么样的班级口号是你最喜欢的呢？请你开动你聪明的小脑筋，为班级的建设献上第一块砖、第一片瓦吧！

班名：

我的希望：

一起话班名

一个多月的家访，我走遍了全班37位孩子的家庭，也收到了37封回信。当我拆开这一封封回信时，我看到了孩子们起的各式各样的班名——小苹果班、小橘子班、彩虹班、拇指班、开心班、启航班、花花班、虎四牛、苗苗班、四季逗、小天使班……看得出孩子们是动了一番脑筋的，更是把自己对班级的期许化在了有意义的班名中。那么，哪个班名是孩子们最喜欢的呢？哪个班名是最有意义，能代表今后全班同学共同追求的愿景呢？为了让每一位孩子都能有机会表达自己对新班级的愿景，开学后的第一次班级会议就这么召开了。这个会议分两部分进行，第一部分的主题就是——选班名。

首先是作为班主任的我把统计好的班名用PPT的方式展示在黑板前的屏幕上，然后请这些班名的"设计者"们进行班名介绍。于是，才入学没多久的孩子们开始了他们第一次的"自我阐述"。有的孩子说："我喜欢苹果，它很有营养，很多人都喜欢它，我希望我们的班级也像苹果一样有许多人喜欢，所以我就给班级起名'小苹果班'。"有的孩子说："我觉得彩虹很漂亮，有七种颜色，我希望我们的班级每个人都像彩虹一样好看，所以我给班级取名'彩虹班'。"……孩子们一个一个地介绍，轮到一个虎头虎脑的男孩上台了，他眯着眼笑嘻嘻地说："我给班级取了名字叫'四季逗'，这个'逗'是'逗乐、快乐'的意思，四季代表365天，我希望我们班级的小朋友们一年四季都快快乐乐的！""哗——"小男孩刚说完，全班就响起了热烈的掌声，我在心中暗想：这个班名似乎很符合大多数孩子的心意，而且寓意也不错。但是我还是不动声色，心想，不能把自己的想法强加到孩子们的身上，他们的班名应当由他们自己做主。于是，我继续组织孩子们一个一个上台介绍自己设计的班名……

班名介绍告一个段落，接下来就是选班名了。首先，大家以小组为单位，在三十多个班名中选出自己认为有意思的班名，最终选票比较集中在以下五个班名上，它们分别是："启航班""虎四牛""彩虹班""四季逗"和"小天使班"。

随后，大家就"希望今后的小学生活是怎样的"这一话题展开了讨论。孩子们的积极性很高，纷纷表达了自己内心真实的想法。有的孩子希望小学生活是丰富多彩的，能学到好多本领；有的孩子希望小学生活是有趣的，有各种好玩的课程；更多的孩子希望小学生活是快乐的，既能学习、能玩,还能交到很多好朋友。随后,大家根据各自的想法,对最终进入决赛的五个班名进行了投票表决,最终,"四季逗"以最高票数,被选为了一年级(4)班的班名。

众手绘班徽

班名定下来之后,我又发动全班同学设计班徽,要求班徽图案能够体现班级的文化和同学们真诚的心愿,让班徽也如同班名一般富有丰富的内涵。为了把这样的工作做得更加广泛和深入,我也给全班每位家长写了一封诚挚的邀请信,请学生和家长共同设计班徽。这一下把大家的参与热情都激发了起来:有的家庭全家总动员,每人设计一个班徽,先在家里比拼,选出最棒的方案;有的家庭请学过绘画的爷爷出谋划策,想点子;有的家庭还搬来外援——妈妈单位的设计高手助阵……

很快,我收到了三十几份班徽设计图,它们各有创意、各有亮点,真是让人难以取舍。于是,班级会议第二段的主题就定为"我的班徽我做主"。全班同学对这些设计方案进行评选,从中精选出若干个最佳设计,在班中公布展示,并发布在班级"晓黑板"班群中,邀请家长一同投票。为了扩大影响力,我们更是在班级微信公众号中将这三十几份班徽设计图一一罗列,邀请每一个人对我们的班徽进行评议,选择各自眼中最佳的班徽。就这样,经过两周的"网络票选+学生票选+家长票选",富有创意的班徽图案终于新鲜出炉啦!外圈五彩的圆环,寓意着同学们在学校五年①精彩缤纷的童年;内圈四颗"小逗子"手拉手,寓意着班级口号中的"健康快乐手拉手,齐心

"四季逗"班徽设计图案

---

① 作者注:上海市普通小学目前实行的是五年制。

协力向前走";更为精致的是这四颗"小逗子"的脑袋上各自戴着代表四个季节的饰物:春天花会开,夏天吃西瓜,秋天树叶黄,冬天雪花飘。这是多么有意义,多么精致的班徽,这班徽不仅代表着孩子们对班级的期许,也包含着家长们对这个集体的关注。

随后,我们将班徽制成实物,缝制在班服上;做成印刷品——班报报头、班级代币券……处处都有它的身影。

我的班级我做主,从班名的出炉到班徽的设计,全班学生齐参与、共讨论,真正体现了班级小主人的身份。

附:

班会预案设计

学校:上海市教育科学研究院实验小学	班级:一年级(4)班	参会人数:	应到:37人
			实到:37人
会议主题:我们的班名我们做主		会议主持:冯志兰	
班级会议目标: 1. 通过设计班名活动,让学生自由表达意见,培养和激发学生的主人翁意识。 2. 通过搭建话语平台,使学生能够大胆发表自己的观点。 3. 让学生在讨论中形成认真倾听的良好品质,并认识和了解自己的新同学。			
班级会议背景: 　　《中小学班主任守则》中提出"培养和建设好班集体,把班级建设成团结友爱、奋发向上的集体"。这也是班主任工作中的重要内容。因此,班级会议的召开为培养学生大胆表述观点、有条理地思考问题提供了一条新的途径。 　　新一届的一年级新生入学,新班级组建的工作涉及新生培训、家访等。使用好这些与学生认识的契机,并将新班级筹建的任务布置下去,是召开本次班级会议的前提。 　　一个集体的诞生,需要有一个集体认同的名字,只有学生对集体产生认同感,才愿意进一步地参与集体生活,认可集体的价值观,并更多地为集体服务,在集体中成长。而一年级新生对小学的学习生活充满了向往,在这一背景下推出班名的征集和讨论活动,激发学生参与新集体生活的积极性,建立自己作为集体一员的认同感,就是本次班级会议召开的初衷。			

(续表)

班级会议准备：
1. 班主任在新生入学前教育时下发班名、班徽征集信"我的班级我做主——小小设计师活动通知"。
2. 新生家访时收齐班名征集信。
3. 召开班级会议前,统计和梳理征集到的班名并制作会议课件。

班级会议程序：
1. 班主任简要说明会议主题与流程。
2. 学生简单介绍自己起的班名的含义。
3. 学生以小组为单位提名候选班名。
4. 全班充分讨论推选最合适的班名。
5. 学生投票表决选出班名。
6. 宣布结果,进行总结,根据选出的班名布置设计班徽的任务。

班级会议流程		
环节	会议内容	设计意图
班主任简要说明会议主题与流程	由班主任简要说明会议主题与流程。	一年级的学生第一次召开班级会议,对于班级会议的内容与流程是完全陌生的。在召开会议之前,班主任开宗明义,让学生知道这次会议的内容就是暑期里布置的班名征集任务的一部分,消除学生的陌生感,激发他们参与的热情。同时,说明会议流程也能让学生对每个环节产生期待。
学生简单介绍自己起的班名的含义	每一位学生轮流阐述自己起的班名的含义,尽量让每一位学生都能表达自己的想法。由于本班人数是37人,最好每人能用一句话表达,总用时要控制在15分钟之内。在这里班主任老师需要特别关注学生的倾听情况,并及时评价。	让每一位学生都参与其中,是对每个个体的尊重,也能让每一位学生感受到自己是班级中的一份子,都享有发言权。此外,让学生知道自己完成的暑假任务是会被教师重视的,也会得到其他同学的倾听,为他们入学以后养成用心完成作业的习惯打下基础。

（续表）

班级会议流程		
环节	会议内容	设计意图
学生以小组为单位提名候选班名	小组讨论，每组选择出一个组内认为最好的班名，在全班提出。	如果每一位学生都有班名选择权，他们就都会支持自己认为最合适的班名，这样很可能会出现候选班名过多的情况。而以小组形式推荐讨论，可以初步筛选候选班名，缩小范围，集中在部分更受欢迎的班名里。
全班充分讨论，推选最合适的班名	结合同学们对未来小学生活的愿景，选择最合适的班名。	在选择最合适的班名时，大家各抒己见，通过对班名含义的理解，表达自己支持的理由，争取得到大家的认同，为最后的投票表决奠定基础。
学生投票表决选出班名	提前确定投票规则，一人一票，以少数服从多数的原则选出班名。	最终由学生投票选出班名，让学生感到自己是班级的主人，这也是班主任老师表达自己对学生信任的好机会，能够为营造民主的班级氛围、建设学生自主管理的班级文化打下扎实的基础。
宣布结果，进行总结，根据选出的班名布置设计班徽的任务	1. 宣布班名投票最终结果，为班级命名，全体学生鼓掌通过。 2. 教师就这一次会议中学生的表现进行总结点评，并说明这样选班名的意图。 3. 布置设计班徽的任务。	班名的诞生是学生表达对班级认同的第一步。其间设计的每一步过程，都是在加深学生对班级的了解。而这一过程也可以激发学生热爱班级、热爱同伴的情感，进一步提升班级的凝聚力和学生的归属感。

反 思 重 建

　　本次班级会议我最初打算用一节课的时间进行班名的选举，但我低估了一年级新生表达的欲望，小组讨论选择组内认可的班名所花费的时间超过了我的预期。同样地，我们的议程花费了更多的时间。到了全班充分讨论的环节，学生们依旧热情高涨，很多学生都举手发言，这是非常好的现象。我想如果有再来一次的机会，我会做出两点改变：(1)在小组讨论之前先指导小组讨论的规范，可以给学生们看一些以往学生的小组讨论片段，让他们感受到小组合作讨论也需要有一定的效率；(2)直接将这次会议设计为两个课时，给予全班同学更多的讨论时间，以免太过仓促。

会议现场实录[①]

一、班主任简要说明会议主题与流程

主席：小朋友们，今天我们要一起开会啦！我们会议的主题是——

生：一起话班名。

主席：是的。在冯老师暑期家访的时候，把每位小朋友写的班名和愿望都收齐了。今天，我把大家给我们一年级(4)班起的名字都展示在了黑板前的屏幕上，一共有37个呢！接下来，冯老师请每个人用一句话，说说你为什么给班级起这个名字。从准备好的小朋友先开始。

二、学生简单介绍自己起的班名的含义

生：我给班级起的名字叫"彩虹班"，因为我觉得彩虹很漂亮，有七种颜色，我希望我们的班级每个人都像彩虹一样好看，所以我给班级取名"彩虹班"。

主席：你心里想着大家，真有心呀！

生：我给班级起的名字是"小橘子班"，因为我上的幼儿园的班级就叫这个名字。

主席：哦！看来你很爱你的幼儿园班级，对吗？不过我们现在有一个新集体啦！给新的班级起一个新名字，好吗？

生：我给一年级(4)班起的名字是"启航班"。我妈妈说，进入小学了，我们就好像坐上了一艘小船，一切都要从头开始了，好像小船要启航。

[①] 执教教师为上海市教育科学研究院实验小学冯志兰。

主席：你积累的词语真丰富呀！说得很对，我们大家都坐在这同一艘船上，正要开始我们的旅程，我们大家都是同伴。

生：冯老师，我想给我们班起一个名字叫"小苹果班"。我喜欢苹果，它很有营养，很多人都喜欢它，我希望我们的班级也像苹果一样有许多人喜欢，所以我就给班级起名"小苹果班"。

主席：你很棒，期待着自己的班级被大家喜欢，老师也和你一样哦！

生：冯老师，我和爸爸妈妈商量下来，想给我们班起一个名字叫"虎四牛"。"虎"就是老虎的虎，"四"是数字四，"牛"代表一头牛。老虎是百兽之王，最威风了，四是我的幸运数字，牛表示我们很牛，棒棒的！

主席：你把自己和班级联系在了一起，心中有班级，很不错。到时候也可以听一听其他小朋友的意见哦！

生：冯老师，不要叫这个吧，我最怕老虎了，它会吃了小白兔！

主席：你乐于表达自己的意见这很好，但是要遵守规则，现在我们都在轮流说班名，希望你认真听同学们的设计，也希望你举手回答问题哦！等一下我们会有讨论环节，老师和同学们再来听听你的意见，好吗？

生：我给班级取了名字叫"四季逗"，这个"逗"是"逗乐、快乐"的意思，四季代表365天，我希望我们班级的小朋友们一年四季都快快乐乐的！

（全班同学响起了掌声）

主席：快乐，真的是大家的向往，难怪你获得了大家的掌声！

生：我给班级取的名字是"小天使班"。天使是很喜欢帮助他人的，我希望我们班级的每个小朋友们都愿意帮助他人，就像小天使一样。

主席：是呀，助人为乐的小天使最可爱了，冯老师也这么希望，我们想到一块儿去了。

生：是的，我就希望大家都可以像天使一样可爱！

……

三、学生以小组为单位提名候选班名

主席：每位同学的说明，大家都听明白了吗？

生：听明白了！

主席：那接下来，冯老师会请前后左右四位同学组成四人小组，请大家在小组里讨论：这么多的班名里，你对哪个班名印象最深刻，你最喜欢哪个班名呢？每个小组选出一个你最喜欢的班名。

（组内讨论，轮流发表意见）

生：冯老师，我们最喜欢的班名是"启航班"。

生：我们喜欢"小天使班"。

生：我们也喜欢"启航班"。

生：我们有两个意见。他们三个喜欢"四季逗"，我喜欢"虎四牛"。

主席：哦，因为"虎四牛"是你起的，对吗？

生：嗯！

主席：不过，当组内意见不一致的时候，我们要听听大家是怎么想的。现在，我们再听听其他小组的意见，好吗？也许就有小组推选了"虎四牛"呢！

生：我们四个都喜欢"四季逗"，我们感到它很快乐！

主席：是它能带给你们快乐，对吗？

生：对的！

生：我们喜欢"彩虹班"，彩虹很美丽。

生：我们喜欢"虎四牛"。

生：我们喜欢"小天使班"。

生：我们喜欢"四季逗"，大家都觉得它能带给我们快乐。

主席：小朋友们，你们每个小组推荐的班名，冯老师都写在了黑板上。现在，我们从三十多个候选班名里推选出了五个候选班名，它们分别是："启航班""虎四牛""彩虹班""四季逗"和"小天使班"。休息十分钟后，我们再充分讨论，投票选出你最喜欢的班名。

四、全班充分讨论，推选最合适的班名

主席：小朋友们，在十分钟的休息时间里，老师还听到不少同学在讨论选哪个班名，看来大家对班级的事情真的很放在心上呢！冯老师非常高兴！那接下来，就请大家来说一说，你觉得哪个班名最好？为什么？请同学们听清楚，你可以说自己喜欢的理由，也可以反对前一位同学的意见。但是，发言必须要举手，如果有人随便打断别人的话，就会被取消发言资格。每位同学最多有两次发言机会。大家听明白了吗？

生：听明白了！

主席：请一位小朋友重复一下老师的要求。

生：我们可以说自己喜欢的理由，也可以反对其他同学的意见。但是发言前要举手。

生：还有，每个人只能有两次发言机会。

主席：是的，关键就是：举手发言，两次机会。看，老师把这两项要求贴在了黑板上，请大家随时关注哦！现在，可以说说你想在这五个班

名中选择哪一个了。

生：我喜欢"四季逗"这个名字。因为它特别可爱，适合我们一年级的小朋友。

生：我喜欢"小天使班"，"小天使班"也很可爱呀！

生："彩虹班"也很可爱！

主席：冯老师发现，大家关注的地方在于可爱。老师要提醒你们啦，我们的班名是要用到五年级毕业的。在开学典礼上，大家都看到五年级的大哥哥大姐姐了吗？

生：看到了！好高呀！像大人一样！

主席：是呀，你们可以想一想，你们希望今后五年的小学生活是怎样的，哪个班名最合适。

生：那我觉得，还是不要叫"小天使班"和"虎四牛"了吧，有点像小朋友的名字。

主席：你的意思是，可能这个班名不太适合五年级的大哥哥大姐姐，对吗？

生：对的。

生：是的，我也觉得。

主席：请记住，发言要——

生：举手！

生：那我还是觉得"四季逗"好。我们到五年级也要快快乐乐的！

生：我也同意！"四季逗"这个名字我很喜欢！我想大哥哥大姐姐也会喜欢的吧。

生："启航班"也很像大哥哥大姐姐会喜欢的名字呀！

生：冯老师,我不同意叫"启航班",因为启航就是刚刚开始的意思,但是我们到五年级了,就要毕业了呢!

主席：你的意思我听懂了,一年级的时候我们要启航,但是接下来的四年,我们的班级小船是一直在航行了,对吧?

生：对,我就是这个意思。到五年级就到达终点了。

主席：五年级也不是结束,而是会有新的开始。

生：哦! 反正我觉得这个名字不太适合四五年级的时候使用。

生：那我还是不选"启航班"了。

生：冯老师,我也喜欢"四季逗"。

主席：还有吗?

生：我喜欢"彩虹班",因为彩虹很漂亮。

主席：嗯,非常好,大家都没有重复其他同学说的话,表达出了自己的想法,这非常棒。那么,你们还有什么想说的吗? 如果没有了,我们就进入投票环节咯!

五、学生投票表决选出班名

主席：经过大家的充分讨论,相信你们心中已经有了自己最想支持的班名了,那么接下来我们就要投票表决啦!

生：冯老师,什么叫表决?

主席：表决,就是以投票的方式表达自己的想法和决定。我来说一下投票表决的要求。每位小朋友要先在这五个班名里明确选出你认为最适合班级的名字,当我说到你选择的名字时,你就举手。当我说到你不想选择的名字时,你就怎么样呀?

生：不举手。

主席：对了，小朋友们真聪明！竖起小耳朵听好了：每个人，只能选一个班名。那也就是说，每个人只能举几次手呀？

生：一次！

主席：是的！如果你举手超过一次，那么你之前投的这一票也就不算咯！大家明白了吗？

生：明白！

主席：想选"启航班"的小朋友，请举手；有五位，请把手放下。想选"虎四牛"的小朋友请举手；有两位，请把手放下。想选"彩虹班"的小朋友请举手；有四位，请把手放下。想选"四季逗"的小朋友请举手；有二十二位，请把手放下。想选"小天使班"的小朋友请举手；有四位，请把手放下。我发现还有一位小朋友一次都没有举手，这是为什么？

生：因为我还没有想好。

主席：那你现在想好了吗？

生：那我也选"四季逗"吧。

主席：期待你下一次能更加勇敢地表达自己的想法，好吗？

生：好的。

六、宣布结果，进行总结，根据选出的班名布置设计班徽的任务

主席：经过大家的投票，获得票数最高的班名就是——

生："四季逗"！

主席：是的。今天我们花了将近两节课的时间来话班名、选址名。这是一个挺大的工程，但冯老师非常开心。因为我看到每一位小朋友都积极参与其中了，哪怕是没有举手的小朋友，也有自己的原因，不过，她也在积极思考。每个小朋友都能表达自己的意见，这是非常一件宝贵的

事情。这就是我们的班级,每个人都能为班级提意见、出主意,你们每个人都是班级的小主人!那接下来,我们就要进行班徽的设计了。请小朋友们在这几天里和爸爸妈妈一起开动脑筋,为我们"四季逗"班设计出一个班徽,我们班级就有自己的符号啦!我们也会通过投票的方式选出大家最喜欢的班徽哦!

今天的会议到此结束!

班会时间

2. 班级会议代表全班同学提倡议
——从小事做起美化环境:一份倡议书的由来

2019年1月上海市通过了《上海市生活垃圾管理条例》,并决定于2019年7月开始施行。作为新时代的新少年,四年级(1)班所在的班委在每周一次的班干部例会中提出可以通过班级会议发出倡议——从小事做起美化环境。

班委的提议得到了班主任的支持和同学们的响应。于是,一次以"保护和整治我们生活的小区环境"为主题的班级会议在同学们的期盼中拉开了帷幕。首先是会议主席秦雯同学宣布了此次会议的议题:通过班级会议的讨论,拟定出代表班级的"声音",号召学校周围的小区居民爱护环境,美化城市。

班委小乐第一个站起来说:"我觉得我们作为新时代的少先队员,可以以身作则,以小小志愿者的身份,参与到学校周围环境的整治活动中。通过我们的行动,带动周围的小区居民,一起爱护环境。"

针对小乐提出的动议,全班同学进行了热烈的讨论。

会议主席秦雯同学说:"我们少先队员可以先行动起来,以小队为单位,开展学校周边清理环境活动。当社区里的大人看到我们小朋友都在认真劳动,他们一定也会被感动,从而加入到我们的行动中。"

小陶附议道:"我同意,这样'小手牵大手',能用实际行动来感染身边的人。"

小崔提出了补充意见:"但是我认为,光靠我们小学生行动,不一定能带动更多人参与到保护环境的活动中来。因为大人们看到我们在清理环境,可能会觉得这是学校在开展大扫除活动,不一定能理解我们这么做的目的。"

小冯赞同小崔的观点,并进一步提出了自己的想法:"我觉得我们应该针对学校周围环境最为突出的问题提出改进建议。"

小涵提出了第二项动议:"我们学校附近养狗人士很多,但是大家对狗的粪便处理不是很在意,我们每天上学必经的路上总能见到不少狗的粪便,我们是不是可以从这一点着手,向学校周围的居民发出倡议呢?"

小涵的动议得到了大家热烈的响应。

丹妮说:"这的确是我们学校周围环境脏乱的一个比较突出的问题,我每天来上学,路上会看到不少狗的粪便,有些还被别人踩到了,结果摊开了一大片,非常影响环境。"

丽丽附议道:"是的,我亲眼目睹一位阿姨带着自家的宠物狗散步,当小狗随地大小便后,阿姨就牵着小狗走开了,根本没有意识到应该把小狗的排泄物清理掉。"

"所以,我们可以向小区居民发出倡议,让大家关注宠物狗的粪便,随时捡拾起来。"袁伟补充道。

小梁也举手示意:"是的,如果印发倡议书,就能够在短时间内扩大影响力,让更多的人参与到我们正在进行的保护环境的活动中来。"

韩睿提出了一个新的想法:"我觉得我们可以发出倡议,加上志愿者行动,双管齐下,这样就能取得更加显著的效果了。"

经过讨论,班级会议最终拟定了倡议书。

致小区居民的倡议书

各位亲爱的小区居民们:

你们好!

从2019年开始,上海开始实施垃圾分类的政策。可是,在我们学校周围的道路两旁,时不时会出现一些宠物狗的粪便。这些宠物狗的粪便破坏了我们整洁的环境,不但影响了过路的行人以及居住在周围的居民,而且直接影响了城市的市容。当世界各地的人来上海游玩时,看到这样不文明的现象,会对上海这个大都市留下怎样的印象?

我们四年级(1)班的班级会议仅代表全班同学建议各位养宠物狗的居民,出门的时候请带好一些废纸、塑料袋等,当您的宠物狗要排泄时,请把纸铺在地上,再用塑料袋把狗粪包起来,带回家扔进马桶冲走。这样做并不是一件很麻烦的事,只要我们多留心,随时清理一下宠物狗的粪便,您的这一个小小的举动,会让上海的街道变得更整洁!来自世界各地的游客们也会对我们上海这座美丽而又文明的城市流连忘返!

今天是3月5日学雷锋日,我们在这个有意义的日子倡议各位居民:

文明从小事开始,

城市会更加精彩!

闵行区莘庄镇小学

四年级(1)班班级会议

2019年3月5日

不一样的班会

小区环境卫生调查问卷

1. 您所在小区的环境卫生状况怎么样?(　　)

    A 好　　　　　　B 一般　　　　　　C 差

2. 小区倒垃圾的地方有没有分类垃圾桶?(　　)

    A 有　　　　　　B 没有

3. 你觉得您所在的社区目前主要存在的环境问题是什么?
   (　　)

    A 垃圾等固体废弃物污染

    B 水污染

    C 宠物狗粪便污染

4. 您是否参加过社区组织的各类环境保护活动?(　　)

    A 经常参加　　　B 偶尔参加　　　C 从不参加

5. 您对于小区内宠物狗在公共场所粪便的处理态度是什么样的?(　　)

    A 无所谓　　　　B 希望有方法制止　C 强行制止

6. 对于小区公共场所宠物粪便的处理,您有什么好的建议?

    建议:

到了高年级,学生能够关注社会热点,自发组织召开班会,并落实在行动中。其实,这样美好的愿景,距离每一位班主任老师都不会遥远——只要我们从一年级开始就用好班会时间,给学生搭建话语平台,充分尊重学生的表达,就一定会实现。

附:

班会预案设计

学校:上海市闵行区莘庄镇小学	班级:四年级(1)班	参会人数:	应到:42人
			实到:42人
会议主题:从小事做起美化环境		会议主持:秦雯	

班级会议目标:
1. 通过班级会议,培养学生的主人翁意识,使学生能够积极参与到小区环境的保护和整治活动中。
2. 让学生在分享中乐于倾听、开展思考,逐渐形成解决问题的实际能力。
3. 通过"小手牵大手"行动,让学生体验志愿服务劳动。

班级会议背景:

2019年1月上海市通过了《上海市生活垃圾管理条例》,并决定于2019年7月开始施行。为了让我们所在的城区更美好,作为新时代的新少年,我们"微笑的太阳花中队"所在的班级在每周一次的班干部例会中提出:作为社会小公民,我们应当积极响应社会的需要,通过班级会议发出倡议"从小事做起美化环境"。

四年级的同学们很有自己的想法,确立整治小区环境的议题后,大家就开始行动起来,对自己家庭中的生活环境、小区的公共环境等展开了一系列的实地考察,以雏鹰假日小队活动的方式发现了问题,并计划通过班级会议想出适合的办法,力求能和小区居民一起让小区环境更加整洁、美丽。

班级会议程序:
1. 宣布班级会议规则和议题。
2. 观看各小队活动内容的视频。
3. 各小队汇报假日活动考察结果。
4. 结合汇报的结果讨论重点行动方案并进行表决、宣布结果。
5. 班级会议总结。

(续表)

班级会议流程		
环节	会议内容	设计意图
宣布班级会议规则和议题	由学生宣布本次班级会议的会议规则和讨论议题。	四年级的学生已经有能力参与到班级的各项活动和家务活动中了。班级会议的开展，给了学生更多的思考空间，使其关注身边与自己息息相关的事情，主人翁意识不断增强，这对学生的后续发展有着至关重要的意义。
观看各小队活动内容的视频	把雏鹰假日小队开展的环境整治系列观察做成视频，让全班同学了解各个小队开展活动的内容。	雏鹰假日小队开展取得了良好的效果。学生自发开展有关活动，希望通过自己的实际行动让自己生活的小区环境变得更美好。这样的设计旨在从小培养学生的主人翁意识，并使其学会用自己的实际行动解决问题。
各小队汇报假日活动考察结果	请雏鹰假日小队代表通过PPT课件、采访日志等形式为大家展现他们在活动中发现的自己生活的小区环境中存在的一些不和谐画面。	雏鹰假日小队活动让每一位学生都参与其中。当学生被赋予发现问题并进行汇报的使命时，他们的社会责任意识就会被激发出来，就会格外关注身边存在的环境问题。
结合汇报的结果讨论重点行动方案并进行表决、宣布结果	结合汇报的结果，讨论重点行动方案并举手表决，宣布结果。	有了亲身的体验和感受后，大家就会思考如何改变现状，并想到如果能够让居民们加入到改善环境的队伍中，那样效果就会更好。举手表决作为议事规则的一部分，可以激发学生的参与感，培养学生的规则意识。

(续表)

班级会议流程		
环节	会议内容	设计意图
班级会议总结	回顾学生参与整个活动的过程,指出从雏鹰假日小队的观察,到汇报准备,再到班级会议的召开,全部过程都是由学生自主开展的,教师只是在必要时进行了指导。在整个活动中,教师给予了学生充分的认可和鼓励,激发了学生积极主动的参与意识。	从议题公布,到学生以雏鹰假日小队活动的形式收集素材,再到后续展开讨论,最后通过倡议书,让更多的人投身于环境整洁的行动中,学生用自己的实际行动诠释了"从小事做起美化环境"的决心和信心,这一次的班级会议非常成功,培养了学生自主参与社会生活的能力,同时激发了学生积极主动的参与意识。
反 思 重 建		
班级会议对于我和同学们而言是一个全新的事物,给予了我和同学们更多的思考。我们一起经历了会议流程、前期准备、会议实施、会议反馈,以及会后的跟进行动的所有环节。同学们经过几次这样的班级会议,解决问题的能力不断增强,班级会议的效果一次比一次好。大家都成为会议中重要的一员了,连平时害羞的同学也开始变得积极和开朗起来,这就是班级会议带给我和同学们的改变。		

会议现场实录[①]

一、宣布班级会议规则和议题

主席:同学们,下面开始我们本次的班级会议。我先宣布一下开会需要遵守的规则:(1)会议时,不窃窃私语,保持安静;(2)不随便打断别人的话,要发言先举手;(3)认真倾听,独立思考;(4)每位同学可以发言两次,每一次不超过两分钟。大家都听清楚了吗?

———————
① 执教教师为上海市闵行区莘庄镇小学冯志兰。

生：听清楚了。

主席：我们已经开过很多次班级会议了，也解决了班级中的很多实际问题，让我们的班级在各个方面都有了很大的进步。你们想不想知道今天的议题是什么？

生：想。

主席：请冯涵同学宣布今天的议题，大家鼓掌欢迎。

生：今天我们的议题是"从小事做起美化环境"。

主席：今天会议由我（秦雯）担任主席主持会议；由史青同学担任记录员。下面我宣布会议开始。

二、观看各小队活动内容的视频

主席：在上一次的班干部例会中，班委向大家发出倡议"从小事做起美化环境"。这个倡议得到了大家积极的响应，同学们通过雏鹰假日小队对我们身边的环境进行了一系列的考察，让我们一起来看一下，大家究竟去了哪些地方，考察的结果是什么呢？（播放视频）

三、各小队汇报考察结果并进行表决

1. 飞虎小队汇报考察结果并进行表决

生：大家好，我是飞虎小队的小队长。我和大家一起主要考察了居民楼的环境。我们发现由于有些居民住的楼层比较高，所以他们家里的垃圾总是先堆积在门口，等攒积到了一定的程度，才肯拿下来倒进垃圾桶。还有一次我们一起在小区走，突然一袋垃圾从天而降，吓了我们一大跳，这种高空抛物的行为实在太危险了，而且非常不道德，我建议大家先来看看有什么办法能让居民们按时倒垃圾。

生：我觉得这个很难做到，倒垃圾是每户居民自己的事情，我们也不好强求呀！

生：我们怎么规定大家倒垃圾的时间呢？如果到了这个时间，有些居民家没有什么垃圾，也要跑下来倒一次吗？

生：高空抛物是很不好，但是目前大人都没有想出什么好办法，我们能怎么办呢？就算是监控也未必能够拍到。

生：我们都是小学生，提出的建议居民们未必当回事，我觉得实施的可能性不大。

生：现在的垃圾都要分类，可是我们看到的部分小区连自己的垃圾分类箱都没有，居民们的垃圾只能是随手一扔。

生：倒垃圾是个很烦琐的事情，我们小学生不太适合。

主席：那我们现在举手表决：同意飞虎小队"让居民们按时倒垃圾"动议的同学请举手。只有8位同学，没有超过我们总人数的三分之二，这个动议没有通过。

2. 向日葵小队汇报考察结果并进行表决

生：大家好，我是向日葵小队的小队长。我和我的队员们主要考察的是居民环境中到处出现烟头的问题。那天，我们每一个人都带了一个垃圾袋，还问居委会的婆婆借了夹子，原本想政府已经明令禁止在公共场所吸烟，可是结果呢？大家看这是我们捡到的烟头（PPT展示照片）。这说明，还有很多居民根本没有把它当回事，仍然在公共场合抽烟。小区里还有很多玩耍的小朋友，他们都是在吸食二手烟呀，所以我们小队提出的动议是请居民们不要在小区里吸烟。

生：我觉得这个动议很不错，环境卫生整洁是要依靠大家一起努力的。

生：动议是不错，但是我们怎么做呢？我爸爸晚上就是趁着倒垃圾的时间到楼下去吸烟的，都是很晚的时候，我们怎么提醒大家晚上不能在小区里吸烟呢?

生:我觉得可以,我们可以先提醒自己家里的大人不去小区抽烟。

生:不去小区抽烟就是在家抽烟吗?让我们在家吸二手烟吗?

生:我们可以和居委会一起合作呀,倡导大家为了小区环境卫生不吸烟。

生:我们现在讨论的是如何处置这些烟头,而不是在哪里吸烟的问题。

生:因为吸烟才会有烟头呀,不吸烟就没有。

生:我也觉得先要杜绝在小区抽烟的行为,这样至少可以减少烟头的数量。

主席:那我们现在举手表决:同意向日葵小队"让居民们不要在小区里抽烟"动议的同学请举手。一共有22位同学,没有超过我们总人数的三分之二,这个动议没有通过。

3. 智慧小队汇报考察结果并进行表决

生:大家好,我是智慧小队的小队长。我和队员们主要观察的是小区居民养宠物狗的问题。通过观察,我们发现现在养狗的居民越来越多,有的甚至不止养了一条狗,大家知道问题出在哪里吗?

生:是不是狗在小区里乱跑对居民的人身安全造成危害?

生:是不是狗粮弄得小区到处都是?

生:我知道了,是狗的粪便吧。有一次我跟妈妈在小区散步,踩到了狗屎,妈妈还打趣地说,要走狗屎运了。

(同学们哈哈大笑起来)

生:你说对了。我们发现小区里的狗屎特别多,而且很多居民也对自己的宠物狗放任不管,任小狗随处大小便,这样真的很不卫生。当然有些居民很好,自己事先带好报纸和塑料袋,等小狗排便后会弄干净,但是大部分的人都是不管的。我们还发现,除了小区,马路上遛狗的人也是这样,这种行为太不文明了。所以我们小队提议,让居民们关注自己宠物狗的粪便,及时清理,不要影响环境。

生:我觉得这个可行。现在小区养狗的人很多,他们都只管自己的小狗,根本不顾大家的生活环境。

生:我也觉得这件事我们成功的可能性大。因为遛狗都是在小区里,我们可以看得到,就能及时提醒这些遛狗的居民。

生:可是只靠我们自己也是不行的。小区人员那么多,我们怎么管得过来?

生:我倒是觉得之前向日葵小队建议和居委会一起做这件事的办法很好,也许会成功。

生:我们可以先从自身做起。提醒家里养狗的大人注意这个问题。

主席:那我们现在举手表决:同意智慧小队"让居民们关注宠物粪便,及时清理"动议的同学请举手。一共有38位同学举手,超过了我们总人数的三分之二,这个动议通过。

4. 百合花小队汇报考察结果并进行表决

生:大家好,我是百合花小队的小队长。我和队员们主要观察的是小区中健身器材的问题。我们发现这些健身器材很脏,有段时间经常下雨,等天晴了也没有人去擦拭,用手一抹黑乎乎的,谁还敢去健身呀。所以我们小队提议大家定时定点去小区擦拭这些健身器材,给大家一个整洁的环境。

生:我们今天的议题主要是让小区居民爱护环境,如果只有我们去擦,那居民们干什么呢?

生:我同意清清的想法,毕竟我们都要上课,有的还要参加一些兴趣社团活动,时间很有限。

生:如果我们去擦,居民们会认为我们是在开展学雷锋活动,更不会自发去行动了。这个不可行。

生:而且我们都住在不同的小区,怎么擦健身器材呢?

生:这个问题我觉得可以解决。利用雏鹰假日小队活动的时间去就行。

主席:那我们现在举手表决:同意百合花小队"让大家定时定点去小区擦健身器材"动议的同学请举手。有28位同学举手,没有超过我们总人数的三分之二,这个动议没有通过。

四、班级会议总结

主席:通过我们四个小队的汇报,我们发现了一些小区环境中的不文明的画面,这需要大家齐心协力一起来改善。智慧小队提出的关注宠物粪便的动议得到了大家一致的认可。那我们该怎么做才能让小区里的居民一起加入到我们的队伍中来呢?

生:我们看到了就马上上前提醒。

生:有些居民根本不听我们的,我们都是小孩,说话没有分量。

生:我们可以和居委会一起合作,让执勤的居民和我们一起做这件事。

生:可是执勤的人也不多,还是不能做到让大家都动起来。

生:我有一个好办法。我们可以写一份倡议书,在小区的公告栏里贴出来,这样居民们都会去看,就知道啦。

生：这真是一个好办法！我赞成！

生：我也同意！

主席：那我们一起开动脑筋，拟定致小区居民的倡议书，发到我们居住的各个小区，让居民们和我们一起行动起来！我们将在会议结束后的一周内完成倡议书，然后张贴在我们自己生活的小区的公告栏里，这个要事先和小区居委会沟通好。期待通过大家的努力，小区居民宠物随地大小便的问题会有所改善，让大家一起创建美好的小区环境。今天的班级会议到此结束。

第二篇

班主任与"班主人"

我的困惑

让学生做班级的主人，能行吗

这段时间，勤勤老师作为优秀的职初期班主任，被学校推选每周外出学习。然而，勤勤老师的烦恼却接踵而至……

出去培训的第一天下午，勤勤老师就突然接到副班主任的电话："勤勤，不好了！小张踢了小林一脚，小林痛得坐在地上大哭……"勤勤马上赶回班中处理好问题。没想到，更大的问题还在后面。之后的几周，但凡在勤勤老师外出的日子，班里不是有任课老师投诉纪律，就是卫生、行规被扣分。这该如何是好？勤勤老师下定决心要解决这个问题，于是她准备请教有经验的同事——冯老师，看看应该怎么办？

冯老师看着眉头紧皱的勤勤老师，问道："班上又出事情了？"

"简直不堪其扰……每次外出培训，我都忐忑不安，不知道该如何是好。冯老师，我该怎么办？"

"勤勤，其实我们在职业发展的过程中，外出学习是一件很普遍的事情。无论是教研活动还是各种培训，这都是提升我们专业发展的一条路径。关于在你不在学校时班里出现的问题，让我们回到源头上思考一下：为什么班主任在和不在，学生的表现差异可以这么大？"

"因为他们不自觉吧。"

"'自觉',这真的很重要！但是,如何激发学生的自觉意识呢？靠说教？这显然是隔靴搔痒。"

"那怎么办？"勤勤老师的眉头锁得更紧了。

"要学生自觉,一定要让他们自己觉得自己很重要才行。"

"那怎样做才能让他们意识到这一点呢？"勤勤老师问。

"我们可以尝试调动同学们的积极性,让他们自主参与到班级的各项事务中去,成为班级的主人。"

"嗯……就是要让他们自我管理,这样能行吗？毕竟都还是孩子啊！"

都说班级的主人应该是学生,但是,作为班主任的勤勤老师总觉得让自己完全放手,把班级交给学生,还是不放心。这该如何是好呢？

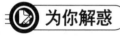
为你解惑

合理安排班级架构,人人都做班级主人

从前面的叙述中,我们已经知道,班级会议不同于一般所说的班会课,它不只是一堂课,也不只是一次性的会议,而是班级的议事和决策平台。班级的重大事务都要由班级会议讨论决定,然后再贯彻执行。但是,班级会议作为全班同学一同参加的讨论重大事情的严肃性的会议,开会的频次是有限的,一般一个学期召开两到四次左右,不可能班里一有什么事就通过开班级会议来讨论,只有在特别紧急和重要的情况下才会加开几次临时会议。那么,在闭会期间,班级的日常事务由谁来管理呢？

你一定会说：当然是班主任喽！

这个回答只说对了一半。班主任是班集体的组织者、管理者和指导者。班主任是全班学生的老师，是代表学校来管理班级的，当然要负起管理班级日常事务的责任。班级里的每位同学，也都应该听从班主任的教导，服从班主任的管理。同时，班主任又是班集体中的一员，同样要遵循班级会议的决议，因此，班主任管理班级日常事务，也不能随心所欲，而必须根据班级会议决议的精神来处理。不过这只是事情的一方面，因为班主任作为指导者，还有培养学生自治自理能力的职责。如果事事都由班主任包办，学生只是当听众、观众，坐享班主任设计好的集体生活，学生的自治自理能力就得不到应有的锻炼和提高。所以，这个回答并不全面。

也许，你会提出：还有班干部，可以协助班主任一起管理班级。

这个回答也有一定的道理。班干部是班主任的助手，是班级工作的骨干，他们应该承担较多的管理班级事物的责任。然而，班干部是从哪里来的呢？是全体同学推选出来的。也就是说，是来自全体学生的；班干部的任务不是自己单干，而是带领全班同学一起干，因此又是需要全班同学支持的；班干部工作做得好不好，也是要全体同学一起来评定的。由此可以看出，管理好一个班级，不只是班主任的责任，也不只是班干部的责任，全班同学人人有责。所以，我们在这里推出一个新名词，即"班主人"。听上去和"班主任"只差一个字，但意义却不同：班主任只是一位教师（当然有的学校会设立副班主任），而"班主人"则包括班主任、班干部和学生，大家都是班级的主人。

都是班级的主人，但职责又有所不同。班主任、班干部及学生之间的关系，大致可以分为以下三种。

1. 金字塔式

金字塔式的班级职责分布认为班级职责分布就像金字塔一样。金字塔的塔尖是班主任，塔身是班干部，塔基是学生。这表明了一种指导与被指导关系，同时又表明了一种相互依存关系：没有牢固的塔基，金字塔就会倒塌；没有稳固的塔身和顶端的塔尖，班级管理就不可能达到较高的水准。

金字塔式的班级职责分布结构图

2. 圆环式

圆环式的班级职责分布认为职责分布中圆心是班主任，中圈是班干部，外圈是学生。这表明了一种扁平结构，淡化了层级关系，全班以班主任为核心，班干部作为班主任的助手和班级的骨干，既根据班主任的相关要求开展工作，又带领着全班学生共同建设班集体。

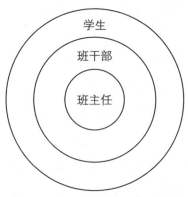

圆环式的班级职责分布结构图

以上这两种方式都各自存在着一定的问题，因此有了改进版，即把班干部与学生之间的实线改为虚线，表示班干部不是固定的，而是能上能下可以轮替的。

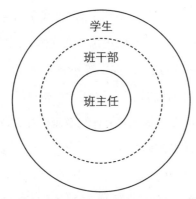

改进版的圆环式的班级职责分布结构图

3. 双主体式

前两种班主任、班干部与学生之间的关系是我们经常可以看到的。而双主体式则是我们在工作中探索出来的一种新的关系模式,它的特点是突出学生学的主体和教师教的主体。教学应是双主体的,在班级中,这双主体之间既相互连接,又相互制约,这就是师生共同打造的班级会议。

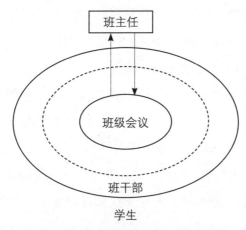

双主体式的班级职责分布结构图

在双主体式的班级职责分布中,班级会议是核心,学生作为班级的主人,按照共同商定的班级会议决议行事。整个圆环体现了学生的主体地位,但由于学生仍处于身心发展的阶段,经验不足,因此,仍然需要教师(班主任)的指导。圆环上的向上和向下两个箭头,表示班主任从学生的意见建议中汲取智慧,又正确地指导学生,突出了双主体共同建设班集体的理念。

全班同学都是班级的主人,并不等于每个学生都天然地具备了当主人的意识和能力。他们有的缺少生活经验,不知道自己可以为班级做些什么,找不到参与班级事务的途径;有的不懂得什么样的行为是正确履行班级主人的职责,往往反而给班级工作增添了一些小麻烦。因此,班主任有责任指导、引领学生的主人翁意识和培养学生自主活动的能力。除了让每个学生参加班级会议,并在会议中发表自己的见解以体现主人的作用外,在平时,主要可从"提建议"和"参与做"两方面引导学生发挥"班主人"的作用。

提建议,包括对班级建设提建议、对班级活动提建议、对班级中发生的事情提建议和对班干部的工作提建议等。

对班级建设提建议的内容很广,例如:对班级公约和制度,可以提出改进完善的建议,或实施细则的建议,使之更好地落实;对班级的环境布置可以提出有创意的建议,使文化氛围更浓厚;给班级的图书角、生物角等可以提出优化管理的建议,使之发挥更大的作用;对教室的整洁卫生,可以提出可操作的建议,使之能持续保洁;等等。

对班级活动提建议可以让活动更加精彩和完善。例如,班级会议决定开展一次与社区共建文明的活动,这个活动采用什么方式开展?是讲文明标兵故事,还是编演宣传文明新风的节目?是张贴自编的宣传小报,还是参加小区的清扫活动?是开展市民公约的知识竞赛,还是开展维护社区安全的志愿服务?每个学生都可以提出自己的建议,集思广益,才能使活动方案更完善。

对班级中发生的事情提建议,可以有效解决班级中存在的各种问题,例如:有的同学因生病耽误了上课,功课跟不上,怎么帮助他?有的同学家庭经济发生困难,怎么关心他?班干部和同学发生了矛盾,怎么调解?本班外出比赛输了,大家心里不高兴,怎么把同学们的精神振奋起来？班级中发生了意外事故，怎么处理好？等等。只有每位同学都把班级的事情放在心上，提出积极的建议，很多事情就会好办了。

对班干部的工作提建议，更是每位同学应尽的责任。班干部是为同学服务的，他们的工作做得好不好，服务到位不到位，同学最清楚，是最好的检验者。每位同学都有权利对班干部的工作发表评论，对优秀的班干部进行表扬，对班干部做得不足或不好的地方提出批评和改进的建议。这就发挥了监督班干部工作的功能。

为了保证每个学生都充分履行"提建议"的职责，班主任要注意搭建必要的平台，使学生的建议有发表的机会、有沟通的渠道。例如，可以发出征集通告，征集班级活动的金点子，欢迎同学们把自己的点子写出来，交给班干部，对有价值的点子，还可给予奖励；又如，可以设立"心语信箱"或"集思网页"，欢迎同学们通过写信或网上留言的方式，发表自己的建议；还可以引导学生按小组（自然小组或自由组成小组）一起商量，达成共识，提出动议案，交给班主任或班干部。在设置平台的同时，班主任还要指导学生学会仔细观察、学会认真分析、学会正确表达。只有学生的观察、分析、表达能力提高了，他们提出的动议才会更成熟、更有价值。

参与做，就是不但要引导学生会提建议，还要组织大家一起做。例如前面讲到的编演宣传文明新风的节目，就需要有的同学查找相关资料，有的同学编节目，有的同学表演，有的同学主持，有的同学负责服装道具，有的同学负责场内外联系，等等，这些都需要大家共同参与才能做好。这里的关键在于合理分工和默契合作。合理分工，就是要做到事事有人做，人人有事做，最理想的境界是每个人担任的工作正好与他的兴趣特长相符合，这样，做的人高兴、愿意做，而且做出来的效果好，也会让大家满意。但完全做到这一点并不现实，有时还需要担任自己所不擅长的工作，这也没关系，因为大家本来就是来学习的，一回生，二回熟，反而可以多学会一些本领，多积累一点经验。对此，班主任还要对学生进行个人兴趣服从集体需要的教育。同时，在分工中总会有人当主角，有人当配角，有人在台前，有人在幕后，每件工作都不可缺少，不可替代。班主任做好了这方面的教育引导，不但可以解决工作中的问题，而且能培养学生"劳动不分贵贱"、热爱平凡工作的意识，这对学生长大后走入社会是非常有益的。

合理分工后，还要默契合作。班主任要引导学生懂得：不但要把分配给自己的这份工作做好，而且要关注大局，关心其他同学的工作进展情况，发现谁有困难，就要主动帮助；要让学生懂得整项工作就像一台机器，如果有一颗螺丝钉掉了，其他零件再好，机器也无法正常转动，甚至会出事故。所以，班主任要给全班学生树立"不但要自己好，而且要大家好"的理念，有了这种相互依存、荣辱与共的意识，学生合作起来就会默契了。当每位同学都乐意提出建议和"参与做"，都学会了合理分工和默契合作，那么，"人人都是班主人"的理念，就能变成现实了。

本篇"班会时间"展示的两个案例可供大家借鉴和参考：一个是通过班级会议，让全班学生以主人翁的态度共同策划"毕业季"活动，策划后又通过分工合作，共同实施，体现了每个学生都是"班主人"的理念；另一个是在班级会议上让每个学生充分发表自己的看法，集中大家的智慧，最后梳理出两个有操作性和创造性的行动方案，通过这个活动，学生的思考能力、交流能力和民主意识可以得到提升。

班会时间

1. 在共同策划和实施中丰富学生的毕业季
——美丽实小之当家我发现：毕业季，做一回校园小主人

到了五年级第二学期，大部分学生的"小升初"已经尘埃落定。大家都在忙着写毕业留言，忙着抓住小学生活的尾巴，班级中弥漫着淡淡

的离愁。同时，他们也渐渐变得浮躁。这看似矛盾的表象背后，其实呈现的却是临近毕业的孩子们遇到的一个共同的问题——目标空窗期。

面对这样的问题，作为班主任老师的我开始思考：如何给孩子们正确的导向，建立适切的新目标？如何更好地依托活动，促进孩子们的新成长？想着，想着，我发现：这正是班级会议的恰当主题，也是培养学生主人翁意识的契机。

"哈哈哈哈，我小时候好萌。""哎呦！陈老师以前好瘦。""咦？那时候咱们学校还没有紫藤长廊呢！"……

中午午休时，我故作不经意地在班级的电脑上整理着孩子们自进入小学以来拍的班级集体照。当一年级、二年级……一直到五年级的集体照在孩子们的眼前一一呈现时，原本有些喧闹的教室，渐渐安静了下来，孩子们被电脑上的画面吸引了，那里充满了属于他们的回忆。

"马上毕业了，好舍不得哦！"不知是谁，冒出了这样一句话，瞬时间勾起了大家的离愁。"怎么了？舍不得了？""嗯——"孩子们拖长了声音应和着。"要不，咱们想想，在毕业前给母校留一份有意义的礼物吧！""好呀！"话音刚落，孩子们就七嘴八舌地议论开了。"送一面镜子，让每一个进校的同学整理整理仪容。""买点书，送给学弟学妹们。""还是买点植物好。"……我站在一旁细心地听着。我突然发现，这些来自同学们的一个个小点子，其实目标指向是一致的——给母校留下一份美好。可是，孩子们往往只能停留在表象的事物上，很难想到更深层的含义，这显然和我引导孩子们树立目标的初衷还有些距离。这时，作为班主任老师，在尊重学生的基础上，引导孩子们透过表象，思考更深层的内涵还是非常必要的。

"你们说得都很好，无论是送镜子还是买书，其实，你们都是想为母校留下一份美好的回忆吧？那么怎样的校园是美好的呢？"说罢，我让孩子们以小队为单位，讨论一下这个问题，每个小队给我一个关键词。

在我们的班级生活中，我们不仅要鼓励孩子们独立思考，也要让孩子们在充分发表自己意见的同时，能包容不同的观点，并进行充分的讨论和协商。小队讨论的形式能让意见更为聚焦，在讨论的过程中，孩子们的思考也会更加全面。经过讨论，大家得到了这样一些关键词——"整洁、温暖、美观、快乐……"。

那么具体怎么做呢？我把话题引向目标的制定上。就这样，一个原本平常的中午，一次看似随意的聊天，却让我们制定了以下这些目标：

我为母校留一份整洁：将劳动习惯落实其中；

我为母校留一份温暖：践行微笑待人这一行规重点；

我为母校留一份宁静：将晨读、午间、课间行规进一步细化；

我为母校留一道风景：让路队更加整齐；

我为母校留一份期待：思考我想成为怎样的人，我现在需要做怎样的努力。

有了目标，就要开始实施了。正巧，上学期末学校开展了"美丽实小"的主题活动。全校师生在活动中共同寻找身边的好人好事，并通过宣传和学习，共同创建美丽的实小家园。针对目标的实施，我们将学校开展的"美丽实小"主题活动和"毕业季"活动进行整合，设计了以"感恩母校，放飞梦想"为主题的系列活动。这一系列活动分为以下几个阶段：

——"美丽实小"之"发现篇"：

利用最后一次为校园当家的契机，引导学生在当家岗位中寻找校园中的美，发现校园中更待完善的地方。

——"美丽实小"之"设计篇"：

针对当家时发现的问题，寻找解决问题的方法，制定行动计划。

——"美丽实小"之"行动篇"：

根据计划，进行实施，以实际行动努力让校园变得更美，为母校留下一份特别的礼物。

不久，轮到我们五年级（4）班"校园当家"，我引导同学们在当家的过程中，发现大家在日常校园生活中已经养成的好习惯并进行宣传；同时，寻找在行规礼仪方面需要进一步提高的地方，为后面的行动做准备。帮助他们在实际生活中发现问题，解决问题。

在同学们"校园当家"之前，我发放了一份题为"美丽实小行动之'当家我发现'"的调查单让同学们有目标地去完成自己的当家任务。为后期班级会议的开展打下基础。

美丽实小行动之"当家我发现"

部门：　　　　姓名：

作为五年级的学生，我们即将面临毕业，在这最后一个学期里，我们能为母校留下些什么呢？这周是我们五年级（4）班在实小的最后一次当家，让我们仔细观察校园中同学们的行为习惯的养成情况，并针对自己观察到的问题，以部门为单位，思考解决方案，在母校的最后一个学期里，为"美丽实小"贡献一份自己的力量吧！

我的岗位是：

在我的当家岗位上，我可以观察：

通过观察,我发现:
_____
_____
_____

发现问题时我是这样做的:
_____
_____
_____

我的改进方案:
_____
_____
_____

班级会议是学生针对一个话题畅所欲言的平台,是学生与学生间思维火花的碰撞平台。它没有任何的脚本,有的只是学生真实的表达。这样的表达应该是建立在理性思考的基础上的,而不是浪费时间的"扯皮"。所以,班级会议前的观察、调研就显得更加重要了。这同时也是在培养学生理性思考、理性表达的能力。

通过前期的调研,同学们对校园中急需解决的问题提出了动议。从这些动议来看,主要集中在以下三方面:(1)关于解决红绿领巾佩戴问题;(2)关于解决雨天进校拥堵问题;(3)关于解决书吧内书本乱放问题。据此,我们期望通过召开班级会议,对以上动议进行商议和表决。

会上,首先请这三个动议的发起人分别介绍自己的动议,大家从合理性和可操作性两个角度来思考这个动议是否可行。

"关于解决红绿领巾佩戴问题"的动议，是同学们在当家的过程中发现存在部分同学不戴领巾的现象。由此，他们提出了出借红绿领巾的动议，方案一出，就引发了同学们的讨论。有的同学认为：如果长期出借，大家会有依赖心理；有的同学则觉得：如果同学们有需求，就该满足这样的需求；而更多的同学则考虑到了许多出借后的实际问题，比如：谁来清洗，谁来保管，如有遗失谁来负责，是否会增加执勤队员的工作量，等等。最后，一位同学起身说道："红领巾是红旗的一角，是值得我们每一位同学爱护和尊重的。出借这个行为本身，就是对领巾的不尊重。"这个发言，算是给了这个动议最直接的一击。到了表决阶段，呈现出了一边倒的结果，就连提这个动议的学生自己，也不再坚持自己的动议了。

关于解决红绿领巾佩戴问题的动议

审议人：

动议内容：

1. 在校门口设置领巾出借处。放一定数量的标有记号的红绿领巾，旁边放一本出借本。

2. 忘带领巾的同学去领巾出借处填写班级、姓名。

3. 执勤队员负责每天检查领巾出借本，统计好后，向各班班主任反馈，由班主任进行相应的教育。

是否同意该动议：

如果同意,是否有补充?

如果不同意,理由是什么?

针对这一问题,是否有新的动议?

　　理不辩不明,同学们在真实的互动中,既畅所欲言,又在听取别人发言的同时,反思着自己动议的不足。虽然动议没有获得通过,但同学们思考问题的角度却变得更为多样,也更加全面。这应该可以算得上是这次讨论会的成功之处了。

　　第二个"关于解决雨天进校拥堵问题"的动议和第一个动议一样也没能获得通过。其实会后反思一下,这两个动议没能通过的根本原因都在于提案人只站在自己的角度来思考问题,没能考虑到同学们的公共立场。而在交流的过程中,不同的同学有了不同的假设,提供了不一样的可能。大家在讨论的过程中,思考问题的角度和立场也在不断地发生着变化。

关于解决雨天进校拥堵问题的动议

审议人：

动议内容：

1. 下雨天，在门厅入口处的左右两侧，分别用固定架和绳子拦出一块区域，作为换鞋处。进校的同学在这里换好鞋子，并将雨伞装入口袋。

2. 换完鞋的同学再由门厅中间进入教学楼。

3. 在广播中向全校同学介绍，试行一段时间后再进行调整。

是否同意该动议：

如果同意，是否有补充？

如果不同意，理由是什么？

针对这一问题，是否有新的动议？

在讨论"关于解决书吧内书本乱放问题"的动议时，最初同学们也是持反对意见的居多，后来有同学发现，其实关于这个动议，大家反对的不是这个动议本身，而是动议的具体实施方法。于是，大家又当场讨论起了动议的具体实施，对方案进行了进一步的修改。最后，在大家的共同讨论下，决定用制作标牌的方式来解决书吧内书本乱放的问题。这个动议当场获得了通过。

关于解决书吧内书本乱放问题的动议

审议人：

动议内容：

1. 在书柜上方贴上图书目录，方便书吧管理员有序地整理。

2. 图书归类放，并在不同类别的书架上贴好书签。

是否同意该动议：

如果同意，是否有补充？

如果不同意，理由是什么？

针对这一问题，是否有新的动议？

我们的班级会议,当然是为解决班级的实际问题而开的,但有时也可能开了会,最后并没有解决什么问题,但是,在讨论过程中,学生的思维品质得到了发展,真正做到还班于生,这才是开班级会议最重要的意义。

解决了"做什么"的问题,那么具体怎么操作呢?有了前面几次会议的经验,方案通过后,提出此方案的小沈同学又组织大家开了一次方案实施的协调会。

在这次协调会上,大家围绕"沟通""分工""制作""张贴""宣传"等内容进行了讨论和协调。有的同学认领了为图书分类的工作,有的同学认领了和其他班级同学沟通共同完成制作的任务,还有的同学承担了塑封的工作……在前一次会议的基础上,几乎每一位同学都能尝试着站在公共的角度来思考问题,考虑问题也更加的全面了。

看着同学们在会议上的全情投入,感受着他们为了共同的目标的努力,我的心,被暖暖的幸福包围着——一种身为班主任老师特有的幸福,一种因孩子们的成长而感受到的幸福。

我们的毕业季活动,在这样一次次的班级会议中,不断地丰富和充实了起来。同学们在活动中再一次找到了新的目标,因临近毕业季而浮躁的内心也沉静了下来。他们将自己最后的小学校园生活充实了起来。他们穿梭于校园的每一个角落,为校园的美丽全情投入、全心付出着,他们,成了校园中最靓丽的一道风景线……

附:

班会预案设计

学校:上海市闵行区实验小学	班级:五年级(4)班	参会人数:	应到:36人
			实到:36人
会议主题:美丽实小之"当家我发现"		会议主持:陈晓蕾	
班级会议目标: 1. 让学生在班级建设的讨论中,能积极参与并乐于主动表达自己的观点,逐步形成小主人翁的意识。			

(续表)

2. 在班级会议中学生能认真倾听、积极思考，主动献计献策，完善美丽实小的动议；提升学生的思辨能力和表达能力。 3. 在班级会议中学生能从集体的共同利益出发思考问题，逐渐形成合作的意识。

班级会议背景：

  为在中小学阶段贯彻落实《中小学德育工作指南》和《中共中央国务院关于进一步加强和改进未成年人思想道德建设的若干意见》，坚持以学生为本，贴近实际、贴近生活、贴近学生，让学生懂得自己的成长离不开家长与老师的付出及社会的关爱，学会感恩别人为自己的付出，懂得回报他人。上学期末，我们学校开展了"美丽实小"主题活动，发动全校师生共同寻找身边的好人好事，并通过宣传和学习，共同创建美丽的实小家园。我班五年级学生则将这一活动和毕业季活动相结合，开展主题为"感恩母校，放飞梦想"的系列活动。为此，我引导每位同学思考：母校给予我们什么，自己能为我们的母校做些什么？怎样使自己的母校更美丽？

  我们将这一系列活动分为以下几个阶段：

  ——"美丽实小"之"发现篇"：

  利用最后一次为校园当家的契机，引导学生在当家岗位中寻找校园中的美，发现校园中更待完善的地方。

  ——"美丽实小"之"设计篇"：

  针对当家时发现的问题，寻找解决问题的方法，制定行动计划。

  ——"美丽实小"之"行动篇"：

  根据计划，进行实施，以实际行动努力让校园变得更美，为母校留下一份特别的礼物。

  本次会议是这一系列活动的第一阶段。第五周轮到我们五年级(4)班"校园当家"，我引导同学们在当家的过程中，发现大家在日常校园生活中已经养成的好习惯并进行宣传；同时，寻找在行规礼仪方面需要进一步提高的地方，为后面的行动做准备。通过前期的调研，同学们对校园中急需解决的问题进行了动议。从这些动议来看，主要集中在以下三方面：(1)关于解决红绿领巾佩戴问题；(2)关于解决雨天进校拥堵问题；(3)关于解决书吧内书本乱放问题。据此，我们期望通过召开班级会议，对以上动议进行商议和表决。

班级会议程序：

1. 宣布会议规则。
2. 介绍会议背景。
3. 动议审议。
4. 会后延伸。

(续表)

\multicolumn{3}{c}{班级会议流程}		
环节	会议内容	设计意图
宣布会议规则	1. 宣布会议的基本人员。 2. 会议主席核对人数。 3. 宣布会议规则。	讨论会议内容前,理清会议规则。除仪式感外,更重要的是确保了会议的规范性、有序性,避免"开无轨电车",使会议能有效推进。
介绍会议背景	主席介绍会议背景(PPT课件呈现三个动议): 动议一:关于解决红绿领巾佩戴问题的动议 动议二:关于解决雨天进校拥堵问题的动议 动议三:关于解决书吧内书本乱放问题的动议	交代清楚会议背景,明确会议的主题。使学生对会议中将要进行的动议内容有初步的了解。
动议审议	1. 提出动议。 2. 讨论动议。 3. 表决。	发起人对动议进行介绍,让大家在倾听的过程中,思考动议的合理性和可操作性,这样讨论出来的动议才能真正发挥效用。
会后延伸	后期,请大家梳理好动议,并和年级里其他班级沟通,开展"美丽实小"行动。	动议通过以后,将制定的方案一一具体落实到位,并及时进行反馈,让同学们为母校留下一份有意义的毕业礼。

反 思 重 建

  结合五年级"毕业季"的主题,让学生在最后一次"校园当家"的过程中发现问题、提出动议,为母校更好地发展献计献策,以此为母校献礼。在会议的过程中,学生都能站在公共的立场,考虑动议的合理性和可操作性,发表自己的看法。大家畅所欲言,所有的学生都表达了自己的观点。思路清晰、表达流畅。但是在动议审议的过程中,反对的同学居多。分析原因,其实大家反对的不是动议的内容,而是动议的具体实施方法。当然,我们并非一味地追求通过率,而是要提高会议的效率。由此让我对班级会议的议题确定有了新的思考:会议的议题不宜过细,切入口不宜过大。比如,就同学忘戴红绿领巾的问题,同学们观察到了这一现象,应该让他们先在自己的小组内部讨论消化,再看是否有必要让全班进行审议,而不是直接把一个比较细节化的议题在全班会议上提出。

会议现场实录[1]

一、宣布会议规则

1. 宣布会议的基本人员

主席：同学们，今天我们要围绕"美丽实小之'当家我发现'"这个主题召开一次班级会议。本次会议由我担任"主席"主持会议；由杨洋同学担任"记录员"，负责记录会议的内容；由曹立鹏同学担任"观察员"，负责计时和提醒发言次数。大家是否同意，同意请举手。

2. 会议主席核对人数

主席：本次会议应到36人，实到36人。无人缺席。

3. 宣布会议规则

主席：班级会议是讨论班级公共事务，解决班级问题的一个平台，大家都是班级的小主人，当然，也是学校的小主人。所以希望大家积极发言，大胆表达自己的观点，为班级、为学校的发展献计献策。但是在会议过程中也请大家遵守议事规则，特别要注意，每项议题每人只能发言两次，每次发言时间不超过两分钟。还有，当一个动议提出后，大家只能针对这一动议进行讨论，如果这个动议赞成票超过总票数的三分之二（即24人），那么就算通过，如果没有通过，则可以提出新的动议。大家清楚了吗?

生：清楚了。

二、介绍会议背景

主席介绍会议背景（PPT呈现三个动议）

主席：上学期末，我们学校启动了"美丽实小"活动，寻找"最美实

---

[1] 执教教师为上海市闵行区实验小学陈晓蕾。

小景、最美实小人"。上周,我们进行了小学阶段最后一次当家活动。在这次当家活动中,我们主要观察了校园的行规礼仪,在发现校园美的同时,为了进一步规范同学们的行规礼仪,让校园变得更美,各个岗位的同学,也都能在自己的岗位上发现问题,尝试解决问题,并制定了解决这些问题的相关动议,以此为基础,提出"美丽实小"活动的动议。前期,我们针对大家提出的动议进行了审议,推选出了认可度比较高的三个动议。今天的班级会议上,我们首先要从这三个动议的合理性和可操作性出发,确定最为可行的动议,进行细化和完善。

(PPT呈现三个动议)

> 动议一:关于解决红绿领巾佩戴问题的动议
> 动议二:关于解决雨天进校拥堵问题的动议
> 动议三:关于解决书吧内书本乱放问题的动议

三、动议审议

1. 提出动议一:关于解决红绿领巾佩戴问题的动议

主席:首先,我们请这三个动议的发起人,分别介绍自己的动议,大家从合理性和可操作性两个角度来思考这个动议是否可行。

生:上周,我的当家岗位是"礼仪示范员",我发现有部分同学会因为没有戴领巾而逃避检查。我做了一下统计,一周中没戴领巾的高年级有7人,低年级有9人。领巾佩戴的情况,高年级略好一些。为了避免不戴领巾的现象。我的动议是:在校门口设置领巾出借处。

2. 讨论动议

主席:那么我们就针对这一动议来发表一下自己的看法。

生:主席,我不同意刚才这个关于解决红绿领巾佩戴问题的动议。如果按照这个动议,可能会使有的同学过分依赖这个出借柜,索性不戴领巾了,天天去借。这样并没有从根本上解决问题。

生:主席,我不同意刚才这位同学的意见。我觉得会存在一部分有依赖心理的同学,但是是个别现象。再说,借领巾需要在出借本上记录,并通知班主任,也没有几个同学愿意冒这个险。

生:主席,我不同意刚才这位同学的意见,因为每一位儿童团员或少先队员都需要佩戴好领巾,不能因为自己没戴领巾,就让学校提供方便。如果你没穿校服的话,学校也要给你提供校服吗?

生:主席,我同意刚才这位同学的意见。我们从入队时就知道,红领巾是红旗的一角。出借红领巾,就是对红领巾的不尊重。

主席:还有其他同学要发言吗?

3. 表决

主席:下面,我们就这一动议进行表决。同意"关于解决红绿领巾佩戴问题"的动议的同学请举手。(主席数人数)不同意的同学请举手。不同意的人数超过总人数的三分之二,此条动议不予通过。我们继续讨论下一条动议。

(学生举手表决,主席清点人数,记录员记录)

主席:好,1人同意,35人不同意。该动议没有通过。我们接着讨论下一条动议。

1. 提出动议二:关于解决雨天进校拥堵问题的动议

生:上周连着几天都在下雨,我在早上执勤的时候发现,收伞的同学、换鞋的同学、脱雨衣的同学都集中在门厅,所以门厅显得特别拥堵。我提出的动议是:在门厅两侧设置换鞋处,以改善雨天进校拥堵的状况。

2. 讨论动议

主席:我们就针对这一动议来发表一下自己的看法。

生：主席，我不同意这个动议。因为门厅两侧都是绿化带，地方太小，没有多余的空间再设置换鞋处了。

生：主席，我不同意刚才这位同学的意见。我觉得雨天拥堵的问题的确需要解决，设置换鞋处是一个比较好的解决动议。门厅两侧的绿化带是可以移动的。遇到雨天可以先把两边的绿化移到一旁。

生：主席，我不同意刚才这位同学的意见。我们都知道，门厅两侧的绿化带是很难移动的，再说谁也不知道第二天会下雨。绿化带什么时候移？谁去移动？再说，门厅两边的地方也不大，在这里设置换鞋处，换鞋的人都挤在一起，下面全部是台阶，更容易发生危险。

主席：还有同学要发言吗？

3. 表决

主席：下面，我们就这一动议进行表决。同意"解决雨天进校拥堵问题"的动议的同学请举手。（主席数人数）不同意的请举手。不同意的人数超过三分之二，此条动议不予通过。

生：主席，我还有话要说。

主席：请讲。

生：虽然我的动议没有获得通过。但我还是认为雨天进校还是一个需要解决的问题。我想，我们毕业后，曾经的二年级的学弟学妹们也升入三年级了，是否能把这条动议留给他们，让他们细化以后作为一份少代会的提案，这样，我们重返母校时也许就能看到了。

（掌声）

主席：你们觉得他的想法怎么样？

生：这个想法好，我们同意。

主席：那咱们再表决一次吧。同意把这条动议留给二年级的学弟学妹作为少代会提案的同学举手。

主席：好,全票通过。我们继续讨论下一条动议。

1. 提出动议三：关于解决书吧内书本乱放问题的动议

生：我的当家岗位是书吧管理员。在当家的过程中我发现一下课,很多同学就聚在书吧里面看书。这本来是件好事,但是铃声一响,很多同学急着回教室,就把书随手往旁边一丢。也有同学想放回原位,却忘记了原来的位置,只能随便一插。这个给我们书吧管理员的工作造成了很大的困扰。所以,我的动议是：图书归类摆放,并在书架上贴好相应的书签。

2. 讨论动议

主席：大家针对这一动议来发表一下自己的看法。

生：主席,我不同意这个动议。我是校级图书管理员。我知道,我们学校从四月起要设立电子漂流书柜,到时候同学们可以自动借书、还书,就不需要再在书架上贴书签了。

生：主席,我不同意刚才这位同学的意见。关于电子漂流书柜的问题,我们几个同学特意去采访过张校长。张校长回复我们,电子漂流书柜里的书是让同学们拿走借阅的。而书吧里原有的书还会放在书吧里,供同学们课余时间阅读。所以为图书分类并贴好标签,还是很有必要的。

生：主席,我不同意刚才这位同学的意见。书吧里的书非常多,几千本书一本本贴标签太麻烦了,这个工作量会很大。

生：主席,我不同意这位同学的发言。给书吧里的书分类贴标签,是我们给母校的一份礼物。几个班级的同学一起做,还是很快的。

生：主席,我同意这位同学的发言。人多力量大,这份礼物解决了学校的实际问题。我觉得很有意义。

主席：还有同学要发言吗？

3. 表决

主席：下面，我们就这一动议进行表决。同意"关于解决书吧内书本乱放问题的动议"的同学请举手。（主席数人数）不同意的同学请举手。不同意该动议的有3人，同意的有33人，同意人数超过总人数的三分之二，此条动议通过。

四、会后延伸

会后，请大家将这条动议进行细化，形成方案，提交审议并和年级里其他班级沟通，开展你们的"美丽实小"行动，为母校留下一份有意义的毕业礼。今天的会议到此结束。

班会时间

2. 班级会议优化教室垃圾处置方案
——改进班级卫生值日规则：开完会后，我们的教室更干净了

"主席，我认为在这次争创文明城区活动中，我们首先应该着手改变班级卫生状况。""主席，校门口接送同学上学和放学的车辆停靠很混乱，尤其是下雨天，放学后，爸爸要接到我很久以后才能驶离学校。"……一双双小手高高地举起，纷纷表达着自己的想法和感受，孩子们用善于发现的眼睛将班级、学校乃至身边的社会问题纳入了自己的思考范围。

这一场景发生在近期我们正在进行的争创全国文明城区的学校系列活动中，如果是以前，我会依据自己的想法，结合学校布置的行为规范

教育，罗列出学生日常表现中的优点和不足，在班会课上肯定优点，点明不足，让学生进行改正。由于讨论的主题基本是学校布置的，因此同学们会像平时上课一样，以听为主，即便是有互动，大多也是班干部举手发言，其他学生只是被动地充当观众或听众，鲜有个人发表见解。而课后，学生也仅仅是按照我的要求去做，缺乏真切的参与感和共鸣，实际效果往往大打折扣。

而这一刻，我忽然感受到同学们参与集体生活的强烈意愿，不由地感慨他们长大了。于是这次，我尝试着将议事规则引入班级会议，请全班同学共同讨论如何"以我言行树华小形象，尽我所能为华小争光"，以"争创全国文明城区"为契机开展班级活动。

首先，我在星期五的时候给每位学生下发了一张"文明华小之创全在行动"的任务单，内容如下：

最近，我们所在的区正在创建全国文明城区，同学们平时会发现班级和校园里存在着各种各样的有关"文明"的问题，例如，虽然我们每天安排值日生，但教室的卫生状况始终不尽如人意，时不时会被扣分。希望大家能认真思考自己观察到的问题并提出解决方案，为班级、为学校、为"创全"活动贡献自己的智慧和力量。

任务单一下发，就引起了同学们的热烈讨论，有些同学因为观点一致很快产生共鸣。经过周末的充分准备，我们的班级会议就开始了。

"我觉得首先需要解决班级卫生方面的问题。正所谓'一屋不扫，何以扫天下？'卫生问题直接关系到学校的形象。"小艾同学迫不及待地发表了自己的看法。

此话一出，当即有三十余位同学举起手表示附议。但小白同学提出了不同意见："我觉得学习习惯方面才是我们亟待解决的问题。我们是学生，每天到学校来就是为了学习，而学习习惯的好坏直接影响到我们的学习成绩。"

"我有不同意见。我觉得首先还是应该解决班级卫生问题。因为卫生问题直接关系到我们的校园形象。"小陈同学有些激动地表达了自己的看法。

"我反对,我觉得校园门口的交通问题才是最需要解决的首要问题。校门口接送同学上学和放学的车辆停靠很混乱,尤其是下雨天,放学后,爸爸要接到我很久以后才能驶离学校。"

"我同意上一位同学的观点,我们不是要'小手牵大手吗'？我们应该和自己的爸爸妈妈探讨一下放学接孩子时的停车规范。"

"我反对上一位同学的观点。校门口停车拥堵的解决方案不应该是我们单独和家长商讨解决的,一家一户的改变不能彻底解决问题。"小杜同学马上说。

"那你觉得应该由谁来解决这一问题呢？"我马上追问。

"我觉得这个应该是警察叔叔的事,警察叔叔来指挥就能解决交通拥堵问题,大人们最怕罚款和扣分了。"小杜同学挠挠头说,他一说完,同学们都笑了,不少同学点头表示赞同。

经过讨论和交流,最后大家在"改善环境卫生"的建议上达成了一致。

"那么,我们班级环境卫生上有哪些需要解决的问题呢？"作为班级会议主持人的我,开始把讨论引向深处。于是,同学们的发言涉及的内容也更加具体了。

"一部分同学带的水果果皮、牛奶包装盒是很占体积的,垃圾桶很容易就满了。"

"是的,我也觉得垃圾桶里的垃圾太多了,每天还没到放学,垃圾桶里的垃圾就会溢出来,中午值日生应该倒一次垃圾。"

"夏天快到了,同学们吃水果剩下的果皮很容易变质,我也觉得应该在中午增加一次倒垃圾的次数,让值日生把垃圾送到学校垃圾房。"

看来垃圾桶的清理出了问题,在得到同学们附议的情况下,第一项动议就这样产生了。

> **关于中午统一收一次垃圾的动议**
>
> 　　　　　　　　　　　　　审议人：
>
> 动议内容：
>
> 　　1. 天气渐渐热了，部分垃圾容易变质，而且垃圾多，不易存放。每天中午安排两名值日生到每位同学的位置上收一次垃圾。
>
> 　　2. 值日生将垃圾送至学校垃圾房。
>
> 是否同意该动议：
>
>
> 如果同意，是否有补充？
>
>
>
> 如果不同意，理由是什么？
>
>
>
> 针对这一问题，是否有新的动议？

"大家还有什么问题，请提出自己的动议"。看同学们积极性很高，我继续引导。

"我的动议是取消班级的垃圾桶设置。我以前暑假里去过日本旅游，那里给我留下的一个深刻的印象就是地面上非常干净，几乎连碎纸屑都找不到。而且马路上没有垃圾桶，我想马路上的干净应该和此有关。路边没有垃圾桶会迫使人们养成不随手乱丢垃圾的好习惯。"

"我不同意刚才那位同学的观点。我们每天都会带水果和牛奶,取消垃圾桶的话,难道这些果皮和包装盒垃圾都放在书包里藏着?"

"我反对上一位同学的观点。任何改变都要付出代价,就像取消班级垃圾桶肯定会带来诸多不便,但不应阻碍我们试一试的决心。"

"我赞同前一位同学的观点,我相信我们可以做到。"

看着同学们唇枪舌剑而不失友好,我暗自庆幸,这样的班级会议的魅力是何等巨大,孩子们不是被动地接受教育者,而是一个个平等的直接参与者,更是这一个个现实问题的思考者、实践者和解决者。

"我同意取消班级垃圾桶设置,但每位同学都应准备一个垃圾袋,用来装自己的垃圾。"

"我同意上一位同学的观点。但想增加一点,就是自己的垃圾由自己放学时处理,可以选择带回家或者扔到学校垃圾房。"

……

看到同学们讨论得差不多了,我适时地提请同学们附议,由此,第二条动议也就产生了。

关于取消班级垃圾桶设置的动议

审议人:

动议内容:

1. 同学们在课桌旁挂一个自备的垃圾袋,自己的垃圾可以即时放入垃圾袋。

2. 放学后,自己的垃圾袋自己拿好,自行放到学校垃圾房。

> 或者带回家处理。
>
> 是否同意该动议：
>
> 如果同意，是否有补充？
>
> 如果不同意，理由是什么？
>
> 针对这一问题，是否有新的动议？

两条动议提出后，我请同学们先试行一周，等到下周班级会议时间，再视情况进行下一步行动。至此，一项由全体学生共同参与的活动方案产生了，而同学们也确实珍惜这样的协商结果，大家彼此监督，班级环境很快得到了有效改善。

"这样的会议让我感受到自己就是班级的主人。我们自己解决了班级的问题，这让我感到很自豪！"会后，小玲同学愉快地说。

美国教育家杜威先生提出过"生活即教育"的口号，我国著名教育家陶行知先生也有类似的观点，他们都强调教育和生活的一致性。将"议事制度"引入班级会议是一个可喜的尝试，在共同讨论、争辩、协商的过程中，每一位学生的主体地位都得到了体现，他们的主人翁意识也在不断增强。

附：

班会预案设计

学校：上海市青浦区华新小学	班级：五年级(1)班	参会人数：	应到：41人
			实到：41人
会议主题：改进班级卫生值日规则		会议主持：吴凡	

班级会议目标：
1. 通过班级会议的民主讨论，使学生树立主人翁的精神，学会从集体的共同利益出发思考问题，为班级建设献计献策。
2. 在班级会议中使学生养成大胆表述自己观点的习惯，增强他们的民主意识。
3. 在讨论中使学生形成认真倾听的良好品质，在交流中增强思辨能力，学会客观公正地看待问题。
4. 通过班级会议，改进班级卫生值日规则，积极探索班级卫生值日管理的新思路、新方法。

班级会议背景：

最近，我们所在的区正在创建全国文明城区，同学们平时也在细心地观察着班级和校园里各种需要解决的有关"文明"的问题，如文明礼貌、校园卫生等。大家能将所观察到的问题，通过认真思考，提出自己的解决方案，从小处着手，为班级、为学校、为"创全"活动贡献自己的智慧和力量，在实际行动中践行"以我言行树华小形象；尽我所能为华小争光"的口号。

在同学们所反映的问题中，卫生问题较为突出。虽然班级每天都有值日组长带领几位值日生负责班级的清洁卫生，但仍存在一些问题：有些同学在往垃圾桶扔垃圾时，没有确保垃圾落入垃圾桶内，使得部分垃圾散落在垃圾桶附近；有些同学在垃圾桶已满的情况下仍然往桶内扔垃圾，造成垃圾"溢"出的情况。针对这些问题，有同学提出要改进班级卫生值日规则的动议，也有同学附议。根据同学们提的动议，让大家对班级卫生值日规则中垃圾桶的设置和每天放学值日生倒垃圾的规定进行了思考。这对于培养学生的责任心和主人翁意识，提高班级管理能力有一定的帮助，也能让学生学会抓住点滴，从身边小事做起，为创建全国文明城区贡献微薄之力。所以，我们决定召开班级会议来讨论如何改进班级卫生值日规则。

班级会议程序：
1. 宣布会议规则。
2. 介绍会议背景。
3. 提出动议、展开讨论、进行表决。
4. 宣布结果。

（续表）

班级会议流程		
环节	会议内容	设计意图
宣布会议规则	1. 介绍会议基本人员。 2. 会议主席核对人数。 3. 宣布会议规则。 （1）每项议题每人只能发言两次，每次发言时间不超过两分钟。 （2）当一个动议提出后，大家只能针对这项动议展开讨论。如果这项动议的赞成票超过总人数的三分之二，则此项动议通过。如果没有通过，则可以提出新的动议。	让学生明确此次班级会议中担任各项职务的人员和职责；再次明确会议的基本流程，提醒学生遵守会议规则和时间，确保有更多的人能参与讨论，提高讨论的有效性，也让会议的开展显得更为正式，并得以顺利进行。
介绍会议背景	1. 大家反应班级卫生方面问题较为突出。 2. 有同学提出要改进班级卫生值日规则的动议，也有同学附议。 3. 针对之前两个方案，从合理性和可操作性两个方面展开讨论。	我校学生对卫生工作尤为重视。可以说，本次班级会议是在此基础上由学生自主发现问题、提出动议的，特召开本次班级会议，商榷对策。全班一起了解本次会议召开的背景、存在的问题，可以促使每一位学生参与到会议中来，让学生感受到自己是班级、学校乃至社会的一分子。
提出动议、展开讨论、进行表决	1. 动议提出人阐明自己的动议。 2. 对议题进行讨论。 3. 对此项动议进行表决。	由动议提出人阐明自己的动议，而不是班主任，这是因为这是学生自己发现的问题。由现状引发思索，更容易引起同学们的共鸣，也能让同学们感受到自己是班级的小主人。 在讨论议题的过程中，学生们一事一议，先聚焦核心问题，理清思路；在论述过程中一正一反地表达观点，实现充分讨论的目的，也可以避免重复和"开无轨电车"。

（续表）

班级会议流程		
环节	会议内容	设计意图
宣布结果	主持人宣布班级会议通过的动议：如果试行效果好，同学们满意，我们将继续实行下去；但如果试行中有些不如意的地方，我们将会在以后的班级会议中继续展开讨论，进行修改。	学生在思考后进行表决，结果必然是大部分同学都能认同的方案；一个好的班级卫生制度难以在一次会议后就形成，试行动议是为了让学生进一步在实践中反思，不断完善，以形成最佳的解决方案。这样几次会议以后，学生参与班级建设的积极性会更高，班级的凝聚力也会更强。
反 思 重 建		
在这次班级会议中，每位同学的发言都很积极，这体现了班级会议在很大程度上可以帮助我们较好地解决班级问题。班级会议的召开，需要让同学们了解会议的基本流程以及其所要遵循的议事规则，发言前必须先学会认真倾听，倾听后必须认真思考，最后才能阐述自己的观点，这一个过程是作为小公民的基本素养，值得推广。在整个班级会议中，我能察觉到同学们时刻都以小主人翁的精神为出发点，积极为班级卫生工作献计献策。在关于自备塑料垃圾袋的动议上，同学们不嫌自备垃圾袋麻烦，而是将讨论的重点指向了环保。他们更在乎塑料垃圾袋作为白色垃圾二次污染性的问题，这种以环保为主，将个人利益居于次要位置的做法可以说是意外的收获，也正是我们班级会议培养社会小公民的目标。对此，我对学生们的思想进步感到非常欣慰和高兴。我相信，随着班级会议的不断深入研究和实践，我们班的学生必能提升个人的格局与眼界，更具有参与集体事务讨论的勇气和信心，能更好地为班级中的问题出谋划策。		

会议现场实录[①]

一、宣布会议规则

1. 宣布会议基本人员

主席：同学们，现在我们准备开始今天的班级会议。本次班级会议

[①] 执教教师为上海市青浦区华新小学吴凡。

的主席由我来担任；潘玮烨同学担任记录员，负责记录本次会议的过程；朱子怡同学作为观察员，负责提醒大家的发言次数以及发言的时间。大家同意吗？

生：同意。

2. 会议主席核对人数

主席：首先我们先核实一下人数，本次会议应到41人，实到41人，无人缺席。

3. 宣布会议规则

主席：经过前几次的班级会议，我们知道班级会议是讨论班级公共事务、解决班级问题的平台。大家都是班级的小主人，希望大家在这次班级会议中积极发言，大胆地表达自己的观点，同时也能认真倾听别人的发言，一起为班级献计献策。在班级会议中，希望大家能遵守议事规则，特别注意每项议题每人只能发言两次，每次发言时间不要超过两分钟。还有，当一个动议提出后，大家只能针对这项动议展开讨论。如果这项动议的赞成票超过总人数的三分之二，也就是当我们班赞成的同学超过27人时，那么此项动议就算通过。如果没有通过，则可以提出新的动议。大家听明白了吗？

生：明白了。

二、介绍会议背景

主席：下面我们就正式开始班级会议。最近，我们所在的区正在创建全国文明城区，同学们平时也在细心地观察着班级和校园里各种需要解决的有关"文明"的问题。在收到同学所反映的问题中，我们发现卫生方面问题是比较突出的。虽然班级每天都有值日组长带领几位值日生负责班级的清洁卫生，但大家仍然在观察中发现了一些问题：有些同学在往垃圾桶扔垃圾时，没有确保垃圾落入垃圾桶内，使得部分垃圾散落在垃圾桶附近；有些同学在垃圾桶已满的情况下仍然往桶内扔垃圾，造成垃圾"溢"出的情况。针对这些问题，有同学提出要改进班级卫生值日规则的动议，也有同学附议。同学们试着制定解决这些问题的相关方案。上次班级会议中，我们已经针对这些方案进行了初步的审议，大家推举出认可度较高的两个方案。今天的班级会议，我们就针对这两个方案，从合理性和可操作性两个方面展开讨论，希望我们能以主人翁意识，从身边小事做起，为创建干净整洁的学习环境、为创建全国文明城区贡献微薄之力。

三、提出动议、展开讨论、进行表决

主席：上次班级会议，我们提供了两条热门动议。下面请杨颖同学阐明她的动议。

生：我的动议是：每天同学们都在课桌旁边挂一个自备的塑料垃圾袋，自己的垃圾可以随手放入垃圾袋。放学后，拿好自己的垃圾袋，自行放到学校垃圾房或者带回家处理。因为，我发现不少同学在将垃圾放进垃圾桶时，不愿意弯腰，直接将垃圾一扔，有些垃圾就洒落在地上。而且，值日生也不可能每节下课都去检查，所以，我建议将垃圾桶换成塑料袋。

主席：好，请坐。大家也听清楚了，大家有没有不同意见？

生：主席，我不同意这个动议。因为一个垃圾袋至少需要很多年的时间才会被分解。如果我们一直这样大量地使用垃圾袋，会破坏我们的家园，我们的学习环境也会遭到破坏。

生：主席，我也不同意这个动议。因为垃圾袋容易被尖锐物体戳破，垃圾会洒落一地，会影响班级的卫生。所以，我们不应该使用垃圾袋。

主席：同学们关注到了垃圾袋的破损问题。请继续，还有没有不同意见？

生：主席，我同意这个动议。同学自备垃圾袋在身边，就会避免垃圾被丢到垃圾桶外面的情况了。

生：主席，我同意上一位同学的观点。我们的班级就像我们的一个小家，班级中的每一个人都应尽自己所能保护我们小家的卫生。

生：主席，我不同意这个动议。如果我们把垃圾袋全部挂在我们课桌的旁边。垃圾袋花花绿绿的，很难看，会影响班级的美观。

生：主席，我同意这个动议。自备垃圾袋可以锻炼同学们的自主性。

主席：自主性？是否就是指同学们的自觉？

生：对，就是自觉。

生：主席，我不同意上一位同学的观点。有些同学会在下课时拿着垃圾袋玩耍，容易造成危险。

主席：这种不文明的行为超出了我们目前的讨论范围，如果发生这种不文明的行为，我们应当及时制止。

生：如果没有这种不文明的行为，我就同意这项动议。

生：主席，我不同意这个动议。垃圾袋中的污水会渗出。

主席：这种现象并不多见。

生：主席，我不同意这个动议。因为塑料袋中的果皮垃圾会滋生细菌，容易让我们生病。

生：主席，我同意这个动议。使用垃圾袋可以培养我们同学爱护环境、随手捡垃圾的好习惯，使教室变得更干净。但是，塑料袋本身不环保。我觉得我们应该换一种，应该用布袋。塑料袋一次性使用，不环保；而布袋可以反复使用，环保。

主席：刚才我们对第一项动议进行了激烈的讨论。这项动议是每天同学们都在课桌旁边挂一个自备的塑料垃圾袋，自己的垃圾可以随手放入垃圾袋里。放学后，同学们拿好自己的垃圾袋，自行放到学校垃圾房或者带回家处理。关于这项动议，持赞成态度的同学请举手。赞成17票，反对22票。赞成票没有达到总人数的三分之二，所以这项动议被否决了。

主席：关于这条动议，刚才部分同学提出了修正意见，有部分同学比较赞同。下面请刚才那位同学再次阐明他的动议，看有没有同学需要附议。

生：主席，我的动议是取消班级垃圾桶，使用垃圾袋，这可以培养我们同学爱护环境、随手捡垃圾的好习惯，使教室变得更干净。但是，塑料袋本身不环保。我觉得我们应该换一种，应该用布袋。布袋可以反复使用，比较环保。

主席：关于这项修改后的动议，大家有附议吗？（表决）那下面展开讨论。谁有不同意见？

生：主席，我同意这项动议。因为布袋脏了可以洗，还是很干净的。还能再次使用。

生：主席，我不同意上一位同学的观点。虽然布袋可以反复使用，但是墨水、果汁一类在布袋里不易洗干净，还不如用一次性塑料袋方便一些。

生：主席，我同意这项动议。布袋不仅美观，还能培养同学们的环保意识。

生：主席，我不同意这项动议。自行把垃圾放到垃圾房里会耽误大家的回家时间。

主席：刚才动议提出者能详细解释一下这一条吗？

生：放学时垃圾不一定要放入学校垃圾房，也可以带回家处理掉。

依时间而定。

支持人： 如果这样处理，你会同意吗？

生： 这样的话，那我同意这项动议。

生： 主席，我不同意这项动议。因为把垃圾袋拎回家，在路人看来会比较尴尬。

生： 主席，我不同意上一位同学的观点。如果我们用布袋的话，路人根本看不出里面装的是垃圾。

生： 主席，我同意这项动议。布袋挂在桌边，我们会观察、比较大家的垃圾，如果自己的垃圾多，应该好好反省自己。

主席： 就是以垃圾减量为光荣。

生： 主席，我同意这项动议。只是我建议洗布袋再晾干需要时间，所以要多准备几个布袋。

生： 主席，我不同意这项动议。如果忘记带布袋了，班级又没有垃圾桶，那垃圾该往哪儿放呢？

生： 主席，我不同意上一位同学的观点。我以前去国外旅游时，在马路上根本找不到垃圾桶，人们的垃圾也不会乱扔。

生： 主席，我不同意这项动议。用布袋装垃圾还要去洗布袋，这太浪费水了。

生： 主席，我不同意上一位同学的观点。如果洗布袋是浪费水的话，那塑料袋乱扔会产生大量的白色垃圾。二者对比，我宁愿去洗布袋。

生： 主席，我同意上一位同学的观点。

主席： 好的，下面我们就关于"取消班级的垃圾桶设置，每人准备布袋装自己的垃圾，并自行处理垃圾"这一动议进行表决。(表决)几乎全班都同意,此项动议通过。

主席:下面开始讨论第二项动议。先请欧瑞雪同学阐述她的动议。

生:主席,我的动议是中午统一收一次垃圾。因为现在天气渐渐热起来了,部分垃圾容易变质,而且垃圾多,不好存放。我们可以每天中午安排两名值日生到每位同学的位置上收一次垃圾,然后值日生将垃圾送至学校垃圾房。

主席:欧瑞雪同学阐明了她的动议。大家有没有什么不同的意见?

生:主席,我不同意这项动议。每天中午倒一次垃圾的话,下午还是会有垃圾的。

主席:提出动议的欧瑞雪同学有什么需要补充和解释的吗?

生:现在中午倒垃圾是因为天气渐渐热起来了,如果一天倒一次垃圾的话,垃圾会很多。

主席:那下午还需要再倒一次垃圾吗?

生:下午是带回家自行处理,和前面通过的那条动议一致。

主席:刚才欧瑞雪同学做了解释后,你的态度有改变吗?

生:那我同意这项动议。

生:主席,我不同意这项动议。要是每天都用两个垃圾袋,岂不太浪费了!

生:主席,我同意这项动议。中午不倒一次垃圾的话,垃圾会散发出异味,反而会影响我们的教室环境,所以中午必须安排值日生去倒垃圾。这样教室里的空气质量会好一些。

生:主席,我不同意这项动议。中午时间有限,我们要吃饭,还要做作业,没时间安排值日生去统一收垃圾。

生：主席，我不同意这项动议。中午要做作业，没时间去处理垃圾。

生：主席，我同意这项动议。如果垃圾不及时处理，教室里会有异味，大家肯定都受不了，老师也不会置之不理的。

生：主席，我同意这项动议。中午垃圾不及时倒掉，会产生一些细菌，容易让同学们生病。

生：主席，我不同意上一位同学的观点。我们现在扔的垃圾主要都是废纸一类的，这些不会腐烂变质。能变质的只有很少很少的果皮类垃圾。所以没必要中午倒一次垃圾。

主席：欧瑞雪，请你谈谈班级有哪些垃圾是容易变质的？

生：快到夏天了，容易变质的垃圾主要是水果的果皮和果核。

生：如果中午垃圾过多的话，有必要收一次。但果皮类垃圾数量很少，没有必要特地收一次。

生：主席，我不同意这项动议。我们现在是高年级的学生了，学习任务很重，中午安排的值日生没有时间去收垃圾和倒垃圾。

生：主席，我不同意上一位同学的观点。值日生是我们班级的一员，为班级做贡献也是应该的。

主席：值日生为班级服务的确是一个义务，要全心全意地为全体同学服务。

生：主席，我不同意上一位同学的观点。每天六位值日生中安排两位，那有失公平。

主席：此项动议我们仅仅讨论中午倒垃圾有无必要的问题，至于值日生如何安排，可以等动议通过后再另外讨论。

生：主席，我不同意这条动议。如果中午的值日生临时有事该怎么办呢？

主席：和上位同学一样。值日生如何安排，可以等此项动议通过后再另外讨论。

生：主席，我同意这项动议。中午学习任务是很重，但值日生倒垃圾可以稍许放松几分钟，就劳逸结合了。

生：主席，我同意这项动议，只是没必要安排两位同学，一位同学就可以了。

主席：欧瑞雪同学，请解释一下你的动议中，收垃圾和倒垃圾都是两位同学吗？

生：是的。

生：我赞同两位值日生收垃圾，但是倒垃圾仅仅需要一位值日生就行了。

生：主席，我不同意这项动议。我们可以不带水果，这样中午就可以不用倒垃圾了。

生：主席，我不同意上一同学的观点。我们的垃圾不局限于果皮垃圾，但不论是什么垃圾，多了总归会影响班级的环境卫生，也会影响同学们的心情，中午有必要收一次垃圾。

生：主席，我同意这项动议。如果有些同学感冒了，他们用过的手帕纸之类的垃圾容易传播病菌，应该要及时清理掉。值日生安排一位同学就足够了。

主席：下面进行表决。这项动议是中午统一收一次垃圾。因为现在天气渐渐热起来了，部分垃圾容易变质，而且垃圾多，不好存放。每天中午安排两名值日生到每位同学处收一次垃圾。值日生将垃圾送至学校垃圾房。赞成的同学请举手。举手的同学人数远远超过了总人数的三分之二，该项动议通过。

四、宣布结果

主席：今天的班级会议通过了两项动议：

第一项：每天同学们都在课桌旁边挂一个自备的布袋，自己的垃圾可以随手放入布袋中。放学后，拿好自己的布袋，自行放到学校垃圾房或者带回家处理。

第二项：中午统一收一次垃圾。现在天气渐渐热起来了，部分垃圾容易变质，而且垃圾多不好存放。每天中午安排两名值日生到每位同学的位置上收一次垃圾。值日生将垃圾送至学校垃圾房。

我们的班级卫生值日先按照这两条实行两个星期。如果试行效果好，同学们比较满意，我们将继续实行下去；但如果试行中有些不如意的地方，我们将会在以后的班级会议中继续展开讨论，进行修改。今天的班级会议到此结束。

第三篇

班级会议主题的应景与务实

我的困惑

班级会议的主题如何定

教音乐的王老师在办公室向班主任勤勤老师反映：音乐课正在精彩时刻，同学们专注地和老师交流互动，并且齐声合唱，突然合唱中有人故意发出不和谐的刺耳响声，打乱了课堂氛围，同学们先是寻找声音的来源，再是哄堂大笑。正常的教学秩序被打断了，他花了好几分钟才将同学们的注意力再次带回教学情境。究其原因，就是某位同学觉得不耐烦，发出怪声想引起老师和同学们的注意。勤勤老师皱起眉头，她联想到卫生委员最近也经常提到班级里有几位同学在放学值日时为了早点回家，打扫卫生草率了事，往往干一会就不见踪影了……

面对班级常规管理中出现的问题，勤勤老师觉得非常有必要安排一次班级会议来探讨班级里发生的这些事情，让同学们通过讨论去发现问题、探讨问题，最终解决问题。但学期初，学校针对各种传统节日、纪念日等活动设置了许多相应的班会主题。例如："学雷锋"活动、垃圾分类、防震防灾等，勤勤老师陷入了思考：一边是学校已经安排好了的班队会主题，一边是班级中亟待解决的问题，究竟该如何选择呢？勤勤想到了冯老师，决定向冯老师请教一下。

冯老师说："学校每学期的主题活动在开学初就会定下来，而作为班主任,我们要善于寻找学校活动主题与班级需要解决问题之间的结合点。像今天你所说的音乐课上的纪律问题,正好对应了学校近阶段的'行为规范教育'主题,你完全可以将二者结合起来,从学生身边发生的事情入手,更好地引起他们的共鸣,让学生有话说。"

勤勤老师茅塞顿开。

统筹兼顾,应景与务实相结合

我们从前面两篇的学习中已经知道:我们的班会是体现全班同学作为班级主人的议事平台和决策平台。但班会的功能并不止于此,班会是多功能的,其中一个重要的功能是作为德育活动的阵地。其实在班会的议事内容中,也应该少不了策划在班级中开展德育活动的方案。

作为德育活动主阵地的班会,在开展时,一般都要有个明确的主题,所以人们常常将之称为主题班会。主题班会,首先要选择好主题,从现状看,选择与应景有关系的主题比较普遍,对这样的一种情况,我们应当怎样看呢?

应景中的"景",不是指风景,而是指一种社会生活情景,例如传统节日、重大纪念日或重要的时政热点。应景中的"应"指的是适应。应景就是围绕这样一些生活情景开展德育活动。例如:迎新年主题班会,迎六一主题班会,迎国庆主题班会,"学'四史',展新貌"主题班会,等等。很显然,选择这样的主题,与当时的社会生活氛围相适应、相合拍,而且比较容易获得相应的活动资源。这对于德育活动的顺利开展是相当有利的。事实上,这些传统节日、重大纪念日也确实是开展德育活动不可缺少的资源,所以班会选择与应景有关的主题,就几乎成了常态,而且从实际效果看,也有不少可圈可点之处,一些以节日纪念日为主题的优秀班会方案,甚至可以成为经典。

既然这样,我们为什么又不赞成把班会都搞成应景式的呢?这是因为这里所说的"应景式"有两个弊端:其一是指所开的主题班会,无一例外都是与应景有关的,如果去掉了有关应景的主题,就几乎没有什么别的内容了。其二是指选择相关节日纪念日或重大活动作为主题时,只是当做例行公事,没有真正把德育深入学生的内心,这种应景就变成了一种应付。这样的班会就不能真正达到育人的效果。

针对以上两种情况,我们所倡导的不一样的班会,就要从两个方面去克服应景式的弊端。

其一是放开眼界,不要把主题的选择局限于节日纪念日,而是从更广阔的生活中去寻找,特别是从学生的生活实际中去寻找,通过班会解决班级中的实际问题。例如:针对同学们在学习上的好经验或困惑,可以开展以"我的金钥匙"为主题的学习方法交流会,或以"学习闯关大比拼"为主题的学习解惑克难的竞赛活动。又如:针对小干部之间或班干部与其他同学之间的矛盾,可以开展以"团结与合作"为主题的谈心式班会;针对班级同学参加校级比赛夺冠获奖或失利的情况,可以开展以"如何正确对待成败和荣誉"为主题的讨论会;针对班级中发生的安全事故等突发事件,可以开展有关安全以及自我保护的主题班会;等等。只要平时深入学生,搭准学生思想行为的脉搏,找到务实的主题还是不难的。实际上许多班主任都遇到过类似的问题,但往往采用的是通过上一堂课的方式,讲清相关道理和要求,而不是有意识地把它作为班会的资源,运用主题班会的形式来解决。如果我们能经常把学生生活中的实际问题纳入班会主题,有计划地开展一系列的德育活动,就能更充分地发挥班会应有的育人功能,使班集体更健康地成长。

其二是把应景与务实有机结合起来。我们主张多关注学生的实际问题,并不是否定应当开展的节日纪念日活动,而是尽可能把迎接节日纪念日与解决班级实际问题相结合,这样就可以避免只是表面化地应景,随便找一些与节日相关的材料来进行演绎,而是把节日纪念日或重大热点和活动作为动力,真正推动班级实际问题的解决。如前一篇的案例中,上海市青浦区华新小学的吴凡老师所开展的教室垃圾优化处置方案讨论会就是这样的例子。一方面,它是带有应景色彩的,即作为青浦区创建全国文明城区活动的一次动员,但它不是简单地在班会上做"创全"活动的动员报告,也不只是让学生找一些与"创全"有关的文娱节目来进行表演,而是用"创全"的要求,根据自己班级的实际,发动同学们找一找自己班级的环境卫生状况还有哪些不足之处。大家这样一找就找到了教室垃圾处置的方法还不尽如人意,同学们将吃剩下的水果皮等垃圾都扔在教室的垃圾桶里,按原先做法要放学才倒掉,天渐渐热起来了,这些垃圾容易腐烂,放在教室里会影响班级环境。于是就通过班会,讨论新的解决方法。这样的班会,既"应"了"创全"活动的景,又解决了班级垃圾处置的"实务"。引导学生把大的形势与小的实务联系起来,养成"从大处着眼,从小处着手"的习惯,这对学生的成长是有积极作用的。

本篇"班会时间"展示的两个案例:一个是用班会解决班级实际问题的,另一个是用班会解决突发事件的。解决实际问题的案例要解决的是学生带手机进校的问题。随着手机的普及,越来越多的学生选择带手机进校,这给学生的学习带来了一些负面影响。班主任沈老师没有用简单的一纸禁令强行没收学生的手机,而是通过开班会的方式,听取学生的想法,在讨论中,积极引导,最后采用了"有条件地允许带"的方法,并且和学生一起制定了手机使用公约:只准用"老年机";进校后关机,放学后再开机;违反者停用手机。这样的班会的主要过程如下所示。

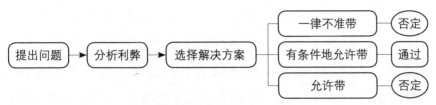

手机使用公约讨论的流程图

用班会解决突发事件的案例,是班上有个学生不慎摔倒,家长来责问老师。这样的事当时不可能临时开个班会来解决,主要还是班主任和医务室老师向家长说明事情发生的情况和已经采取的措施,缓和与家长之间的矛盾。但事情过去后,班主任顾老师认为,需要让学生从中进行反思,吸取教训,避免事故再次发生。这样的班会一般可分三个层次:一是阐述事件,让全班学生都知道这个事故发生的具体情况;二是分析原因,找到今后可以避免的因素;三是提出解决方案。班会的主要过程如下所示。

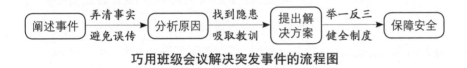

巧用班级会议解决突发事件的流程图

班会时间

1. 通过班级会议增补班级公约

——手机使用公约修订:手机铃声响起后

"在这个风起云涌的战场上……"上课时分,教室里的后柜突然飘出了《逆战》的歌声。"谁带了手机?"我放下了手中的书,看了看正在专心听讲的学生们。

"是我。"小刘缓缓地站起身来。

"那把它拿过来吧,按照我们的班规是不能带手机到学校的。如果带来,要上交,等期末的时候再领回去。"我指了指墙上的班规,轻声说。

小刘走到后柜,从书包里拿出手机,走到讲台前,交给我。"可是,沈老师,这条规定是以前定的,现在情况有了变化。高年级了,我们很多同学都申请了自行回家,也得到了批准,家长们担心路上有安全问题,就给我们配了手机。因为有班规在,所以我悄悄藏在了书包里,进校门关机,到了校门口才打电话给妈妈跟她报备一下留校时间。今天早晨,我忘记关机了!"小刘同学委屈地说道。

这时,小陆默默地站了起来,"沈老师,我也带了手机,和小刘的情况一样!"

我沉思了一下,向大家望去:"还有谁带了手机,能举个手让我知道吗?"安静了一会儿之后,十几只小手举了起来。

看着这十几只小手,我陷入了沉思,该不该简单处理,让孩子们把手机都交上来,统一没收。但是,这能解决问题吗?孩子们心里能服气吗?何不利用班级会议来开展一次大讨论。本周的班会活动主题是"行规教育"。既然大家对旧的班规已经产生了不同的意见,那么就该把二者结合起来,大家一起坐下来,听听班级每一个成员的想法,利用班级会议修订班级公约。

"如果大家对原来的班规有修改意见,正确的做法应该是……"我望着他们。

"按规矩办!""启动修改程序!""开班会!"……教室里一下子炸开了锅!

"我建议,启动班规修订程序,我来做发起人,征集同学们的意见,如果同意的人数达到总人数的三分之二,我们要求开一次班级会议,修订这条班规。"小刘同学高声说。

"很好,走合理程序,表达你们的诉求!不过,在新班规出台之前,手机必须由我保管,你们是否有异议?"我说道。

同学们点点头表示同意。

……

允许或不允许

说行动就行动,行动派的小刘同学立刻草拟了意向征集书,在三天内征集到了三分之二以上同学的签名。我们也如期召开了班会,对于"是否允许带手机"这一议题,进行了认真的讨论。大家在会上充分表达了意见。同意方认为:由于自行回家制度执行之后,从安全的角度考量,应该允许带手机。反对方则坚持认为:同学们容易用手机来聊天、打游戏,很浪费时间,影响学习。在激烈的辩论中,他们从刚开始的针锋相对,互不妥协,到最后协商达成一致,允许带手机,但是必须制定"手机使用公约"。至此,关于手机问题的班级会议之第一阶段议事就告一段落了。

"老年机"或智能手机

之后,由班委会牵头,向全班同学调查了公约要从哪几个方面来制定的建议。问题主要集中在带什么样的手机、手机放置地点,以及手机使用的时间这三个问题上。于是,关于手机问题的班级会议之第二阶段议事开始了,主要议题就是草拟手机使用公约。

在这次会议中,关于后两个问题,大家的意见一致,认为必须放在后柜并关机,彼此没有产生什么异议,很快得到了通过。但是在关于该带哪种款式的手机这个问题上,却产生了很大的争议。

小金同学首先提出了动议:"我提出的动议是只能带'老年机'。理由是因为'老年机'适合我们的需求,如果我们只带'老年机',就不会引起攀比和其他不必要的问题。同时,'老年机'因为只能打电话,不会发生因用手机打游戏而影响学习的情况。"

有超过三分之二的同学附议,之后,会议就这条动议,展开了讨论。

小蒋同学率先发言:"我不同意刚才只能带'老人机'的这一动议。只能打电话的'老年机'在市场上比较少见,不容易买到。即使能买到也要另外再花钱,我们没必要浪费钱。"

小徐同学立刻表示反对:"我不同意刚才那位同学的意见。我觉得智能手机会浪费我们的精力和时间,而买一个'老年机',只需要花一点点钱就够了,我相信我们的家长一定愿意为了节省我们的精力和时间而愿意花这点钱的。"

小莫同学的反对意见是,他们现在已经五年级了,有一定的自制力,能够抵制住智能手机所带来的诱惑。

小汤同学则用事实表达了对小莫同学意见的反对,她举了家长爱看手机、喜欢用手机打游戏的例子证明,小学生只能用'老年机',否则容易被诱惑。大家要防患于未然。

……

唇枪舌剑,你来我往,看得出同学们都是有备而来的。由于彼此都出于公心,所以,经过了一段时间的讨论之后,大家一致认为,为了避免手机游戏的危害,避免攀比心理,也考虑到小学生的自制力等综合因素,最终约定只能带"老年机"。

通过班级会议的第二阶段议事,"手机使用公约"(初稿)已经形成,共三条:

(1)学生只能带"老年机"。

(2)入校后,应将手机放置在后柜。

(3)进校前关机,出校后才能开机,在校期间不使用手机。

"如果有人不遵守这些公约怎么办?"班长小蓝提出了新的问题。小崔想也没想,立刻说:"那就罚呗!"大家听了频频点头。"那我们要求进行班级会议的第三阶段议事,加入第四条,提出惩罚条例!"小蓝提议道。于是,我们又进入了第三阶段议事。

缓冲或出局

班委在讨论之后,提出了关于惩罚措施的动议。由小蓝同学在班级会议上陈述。

"上次,班级会议提出要加入惩罚措施,初犯停一个月,再犯永远不能带。"小蓝同学一说完,大家就纷纷议论了起来。

"第二次就永远不能带,这是不是太严厉啦!"小崔第一个叫了起来。小朱同学附和道"是啊!刚才班长提出的这个惩罚措施太严格了,如果永久禁止了,真的在路上出事了,这个责任谁负?"我看着小朱说:"那如果你不想发生危险的事情,想保证自己的安全,你会怎么做?"小朱沉思了一会儿说:"我遵守公约,赢得带手机的资格。"小洪立刻说:"对呀,惩罚的主要目的是为了让大家知道不方便,从而遵守规则,这才是初衷。""既想给他警告,又觉得需要适当通融,面对这个两难的问题,你们有什么好的动议吗?"小肖举手表示:"我同意大家的意见,必须惩罚,但是俗话说,事不过三,我觉得我们可以给两次改正机会,第三次才永久禁带。给大家一个缓冲的余地。第一次停止使用一周,第二次停止使用一个月,第三次手机由老师保管,直到本学期结束才能拿回。"小肖的这条动议得到了大家的一致认同,顺利通过。

通过班级会议三个阶段的议事,五年级(1)班终于形成了"手机使用公约"。

手机使用公约

1. 学生只能带"老年机";
2. 入校后,应将手机放置在后柜;
3. 进校前关机,出校后才能开机,在校期间不使用手机;
4. 惩罚条例:违反本公约第一次停止使用一周;第二次停止使用一个月;第三次手机由老师保管,直到本学期结束才能拿回。

"那我可以拿回手机了吗?"小刘忍不住问道。"根据新的班规可以,但是……"我还没说完,"要换成'老年机',还要记得进校后关机!"小刘先来了抢答。大伙儿都不由得笑了起来。

附:

班会预案设计

学校:上海市徐汇区实验小学	班级:五年级(1)班	参会人数:	应到:34人
			实到:34人
会议主题:"手机使用公约"修订		会议主持:沈韶华	
班级会议目标: 1. 管理目标:通过制定公约,达成共识,使学生明白手机使用规则。 2. 教育目标: (1)通过民主讨论,学生能积极发表自己的看法,形成班级小主人翁的意识。 (2)通过制定公约,使学生明确手机使用的规则,遵守规则,让班级生活更有序。			

班级会议背景:
  随着手机的普及,以及学生家长对自己孩子安全的日益重视,越来越多的家长选择让自己的孩子上学携带手机。
  在和一位家长的沟通中得知,家长为了和孩子联系方便,一直让孩子带着手机,但是孩子却从来没有用过,致使有一天由于沟通不舒畅,导致家长和任课老师之间的一些矛盾。在得知这个情况后,我和学生进行了一些沟通,询问了学生不使用手机的原因,学生回答是因为过去班级里规定过是不可以带手机的,他觉得应该遵守班级的约定。随后,我在班级里也进行了了解,询问了班级带手机的情况:有一部分同学表示自己曾经按照家长的要求带过手机来,但是一直不敢使用;也有同学戴的是电话手表;还有同学表示,随着年级的升高,应该是可以带手机的。手机是现代人沟通交流的重要工具,使用得当,可以帮助我们更好地开展工作,沟通交流;使用不当,则可能会导致学生沉迷于社交工具和手机游戏。正巧,一天课上一位同学的手机响了起来。于是我想,就从能不能带手机这个问题入手,开一个系列班会:
  1. 小学生能不能带手机。
  2. 班级手机使用公约的制定。
  3. 制定班级手机使用奖惩条例。
  4. "探秘智能手机"寒假探究作业。
  5. "智能手机是福还是祸"辩论会。
通过系列班会,学生了解到其实智能手机的开发者的初衷绝对不是把手机纯			

(续表)

粹变成一个游戏机,它有很多有益的功能来给我们使用。所以手机本身是没有错的,关键在于我们使用者本身是否有克制力,能不能够正确使用。本次班级会议,我们就着重讨论班级手机使用公约的制定。

班级会议程序:
1. 宣布会议规则。
2. 陈述议题。
3. 议题讨论。
4. 投票表决,宣布讨论结果。

班级会议流程		
环 节	会 议 内 容	设 计 意 图
宣布会议规则	1. 介绍会议的基本人员。 2. 会议主席核对人数。 3. 宣布会议规则: (1) 每项议题每人只能发言两次,每次发言时间不要超过两分钟。 (2) 当一个动议提出后,大家只能针对这项动议展开讨论。如果这项动议的赞成票超过总人数的三分之二,则此项动议通过。如果没有通过,则可以提出新的动议。	让学生明确此次班级会议中担任各职务的人员和职责;再次明确会议的基本流程,提醒学生遵守会议规则,规定时间,确保有更多的人能参与讨论,提高讨论的有效性,也让会议的开展显得更为正式,并得以顺利进行。
议题陈述	由主席陈述本次会议主题	明确本次会议的议题,对本次的会议主题"带什么样的手机"有明确的认识。
议题讨论	依据前一次班级会议讨论的动议,进行讨论: 1. 带什么样的手机。 2. 手机使用公约: ① 入校后,将手机放置在后柜。 ② 进校前关机,出校后才能开机。	通过民主讨论,每一位学生积极发表自己的看法。 通过制定公约,明确规则,遵守规则。
投票表决,宣布讨论结果	根据学生举手表决的情况宣布结果。	进行总结,达成共识。班级公约的制定是建立在同学们充分讨论的基础之上的,权衡各方面的利弊,最终达成一致。

（续表）

反思重建
在班级会议的第一阶段议事时，对于哪些人可以带手机，大家讨论了很久。其实，这样做是没有必要的，既然大家都有约定，就赋予了每个人这个权利，只要遵守约定，人人都有权利。 　　其次，讨论议题的时候，有一个突出的现象：往往第一项议题没有讨论好，就开始讨论第二项了。这个主要是我在前期准备的时候，对于议题应该先讨论哪一个，再讨论哪一个没有思考清楚。而是学生先提到哪个就谈哪个，其实议题之间是有相互关联的。反思后我进行了调整： 　　首先，要求学生一事一议，一个问题讨论好才能讨论下一个议题，要集中展开。 　　其次，事先对手机使用公约进行提案公示，这样，学生对于要讨论的内容就比较清楚了。接着，我还调整了一下会议的内容，可以分两次进行—— 【第一次讨论】 手机使用公约： 　　1. 只能带"老年机"。 　　2. 手机不能放在桌子里，只能放后柜。 　　3. 在校期间关机。 【第二次讨论】 　　补充违规现象的提案： 　　第一次违规停用手机一个月，再次违规后永远不能带手机进校。

会议现场实录[①]

一、宣布会议规则

1. 宣布会议的基本人员

主席：同学们，今天我们要围绕"手机使用公约"这个主题召开一次班级会议。本次会议由我担任主席，主持会议；由小王同学担任记录员，负责记录会议的内容；由小李同学担任观察员，负责计时和提醒发言次

[①] 执教教师为上海市徐汇区实验小学沈韶华。

数。大家是否同意？同意请举手。

2. 会议主席核对人数

主席：本次会议应到34人，实到34人。无人缺席。

3. 宣布会议规则

主席：班级会议是讨论班级公共事务、解决班级问题的一个平台，大家都是班级的小主人，当然，也是学校的小主人。所以希望大家积极发言，大胆表达自己的观点，为班级、为学校献计献策。但是在会议过程中也请大家遵守议事规则，特别要注意，每项议题每人只能发言两次，每次发言时间不超过两分钟。还有，当一个动议提出后，大家只能针对这一动议进行讨论，如果这个动议赞成票超过总人数的三分之二（23人），那么就算通过，如果没有通过，则可以提出新的动议。大家清楚了吗？

生：清楚了。

二、陈述议题

主席：本学期，有一部分同学偷偷带手机到学校里来，这违反了我们之前的约定，但是有同学提出，之前的约定是针对低中年级的，而我们现在已经是毕业班的学生了，有了一定的自制和管理能力，所以应该修改这个约定。根据大家的动议，我们前期进行了一次班级会议，提议高年级学生能够带手机来学校。通过上次班会会议，我们就这一议题达成一致：高年级学生可以带手机来学校，但是必须遵守必要的使用规则。在本次会议中，我们重点讨论的就是手机使用公约。通过前期调查，大家的议题主要集中在以下三个问题上，带什么样的手机、手机放置地点、手机使用的时间。

（在这次会议中，手机放置地点以及使用时间这两点，大家的意见一致，认为必须放在后柜，必须关机，彼此没有产生什么异议）

三、议题讨论

1. 提出动议

主席：现在，我们来讨论带什么样的手机，谁有动议？

生：我提出的动议是只能带"老年机"。理由是因为"老年机"适合我们的需求，如果我们只带"老年机"，就不会引起攀比和其他不必要的问题。"老年机"因为只能打电话，不会发生因用手机打游戏而影响学习的情况。

主席：这条动议，有人附议吗？请举手表决。

（三分之二的同学表示附议）

2. 议题讨论

生：我不同意刚才只能带"老年机"的这一动议。只能打电话的"老年机"在市场上比较少见，不容易买到。即使能买到也要另外再花钱，我们没必要浪费钱。

生：我不同意刚才那位同学的意见。我觉得智能手机会浪费我们的精力和时间，而买一个"老年机"，只需要花一点点钱就够了，我相信我们的家长一定愿意为了节省我们的精力和时间而花那点钱的。

生：我不同意刚才那位同学的意见。我们现在已经五年级了，有一定的自制力，能够抵制住智能手机所带来的诱惑。

生：我不同意这位同学的意见。虽然我们五年级了，但是还是缺乏自控力。你看，我们的家长虽然是成年人，但还是会花很多时间玩手机。所以，我觉得只能带"老年机"，同学们的自制力并没有我们想象的强。

生：我觉得带什么手机都可以，有的同学家里有，如果有特别的规定，就必须去买，会多一笔开销。但是，我觉得最好是"老年机"，因为

"老年机"既可以满足发短信、打电话报平安的要求,价格又比较便宜,万一丢了或者被偷了的话,损失比较小。前提是家里有,不需要再去买。

生:只能打电话的"老年机"市场上少见,不容易买到。

生:现在很多"老年机"和智能手机是一样的,就是多了字体放大功能。那种只能打电话和发短信的"老年机"在市面上买不到。所以,我觉得可以带自己家里有的。

生:我上三年级的时候用智能手机聊天、玩游戏,成绩下滑,结果被取消了使用权后,我的成绩就好起来了。所以,我担心用智能手机后会影响学习,还是带"老年机"好。

生:那是三年级的时候发生的事情,而我们现在五年级了,更加自律了,所以我们能管理好自己。我建议任何类型的手机都可以带,不试试怎么知道。

生:我同意只能带"老年机"。智能手机影响学习,玩游戏、聊天都会导致成绩下滑。"老年机"只有打电话和发短信功能,功能单一,不影响学习。

生:可以制定公约,约束我们自己不玩手机游戏。

四、投票表决,宣布讨论结果

主席:两种观点:第一,只能带"老年机";第二,什么类型的手机都能带。你们同意哪个?好,同意只能带"老年机"的有28人,同意什么类型的手机都可以带的有4人,弃权的有2人,弃权同学说说自己的看法。

生:小学生最好不要带手机进校。

主席:坚持带"老年机"的说说想法。

生:"老年机"完全可以满足需求。现在是学习最关键的时刻,万一有人被智能手机吸引,学习就会荒废。如果有相应的公约配套,可以试一下,但是不行,就只能带"老年机"。

主席:经过了一段时间的讨论之后,大家认为,为了避免手机游戏的危害,避免攀比心理,也考虑到小学生的自制力等综合因素,最终约定只能带"老年机"。

班会时间

2. 用班级会议解决突发事件
——让课间活动更有序:亮亮摔伤了[①]

常常听一些当过班主任的同事或朋友对我说,班主任就像是保姆,什么都要管,稍有不慎,还会受到家长的指责,有时候真觉得很委屈。我虽半信半疑,但也尽量避免。不过,低年级的孩子自控能力不足,时不时会给老师来一个"惊喜",突发事件频繁出现。

这不,在我外出参加活动时,收到了医务室老师发来的短信:顾老师,你们班的亮亮摔了一下,左手肘部疼痛厉害,我已通知家长来接了。

看到短信后,我心里咯噔了一下,马上打电话给了孩子的妈妈,妈妈很是客气,说正前往医院途中,并时刻和我保持联系。经医生检查,孩子确诊为左手臂骨折。

又是一起突发事件!这让一直带高年级的我很不适应,到底是哪里出问题了呢?该说的行规天天在说,该有的管理也毫不松懈,为何还总会有这样或那样的"小插曲"出现呢?

班主任除了班级的常规管理以外,遇到意想不到的突发事件,更需要及时恰当地处理。面对这种情况,经验丰富的班主任临危不乱,从容

---

① 本案例由嘉定区清水路小学顾金霞提供。

应对；新手班主任往往手忙脚乱，匆忙上阵。处理同一性质事件，结果却大不一样。只有采用有效的处理方法，才能够让孩子从一件事情中及时总结经验，避免类似的突发事件再次发生。作为班主任要有务实的态度，要学会变通。于是，我当即决定改变这周的班会内容，把突发事件作为议题，召开一次班级会议，就事论事，帮助同学们提高解决突发事件的能力和效率，避免意外的再次发生。

第二天，亮亮绑着石膏坐在了教室里，见我走进教室，默默地低下了头。

"同学们，亮亮同学骨折了，以后大家在生活和学习上都要帮助他。"

亮亮露出了感激的笑容。

"像亮亮这样的突发事件，希望在我们班级中不再发生，本周三的班会时间，我们将召开一次以'如何预防突发事件'为主题的班级会议，同学们回去可做些准备，把你的想法写在班级会议本上。"

周三的班会，分三个环节进行。

在班级会议的初始阶段，我首先让在场的同学说明一下事情的经过，将事情的经过能够原原本本地现场再现。当时在场的同学你一言我一语，有的甚至模仿起了当时的场景。经过孩子们细致的描述，我了解到事情发生的起因：亮亮在用完午餐回教室的途中，因为林同学追赶他，他奔跑速度过快，在楼梯的转角处摔了一跤，所以手臂骨折了。

了解到事情发生的原因后，我认为让孩子们明白亮亮是如何骨折的也是重要的一个环节。以往发生类似事件时，都是由作为班主任的我来分析和阐述原因，低年级的同学虽有些明白，但仍处于一知半解的状态。所以，在本次的班级会议中，我让同学们自己来查找事件的原因，大家异口同声地说："奔跑！"

明确了事情发生的原因，就该步入正题，寻找解决的方案。因为奔跑而造成的伤害不止亮亮这一例，在平时的行规教育中我也经常教导孩子们在走廊上不要奔跑，但有的同学还是做不到。针对这个问题，我希望通过班级会议，能够让同学们站在自己的立场上，讨论如何预防此类突发事件的再次发生。

小毅同学首先高高举起了小手："主席，我有个动议，我认为可以给班级里爱奔跑的几位同学每人找一位监督员，下课期间或者是用完午餐回教室的途中，监督员和各自所要监督的同学在一起，可以时刻监督他们。"

小童同学马上有了不同的观点："主席，我不同意这位同学的意见。班级里爱奔跑的同学不在少数，没有这么多监督员能够选出来。"

"我们可以先为几位特别爱奔跑的同学找监督员，有了监督员的监督，他们就不爱奔跑了，那么，那些偶尔奔跑的同学受到他们的影响也就不奔跑了呀！"鹭鹭对小毅同学的观点又做了些许补充。

学习委员艺馨马上发表了自己的看法："监督员也有自己的事情要做，课间他们也要抓紧时间完成老师布置的作业，并没有太多的时间能够一直监督这几位同学。"

不少同学赞同地点起了头，燊燊说道："我也这么认为，给每位爱奔跑的同学都找一位监督员，太浪费监督员的时间了。再说了，如果监督员吃饭比较慢，爱奔跑的同学早早就吃完了，那怎么办呢？"

针对这一问题，有的同学认为爱奔跑的同学应该留下来等监督员一起走。但也很快遭到了其他同学反对的意见。"并不是每位被监督的同学都是自觉的，如果能做到自觉的话，他也不会经常奔跑啦！"

此时，一诺灵机一动，大胆说道："那我们可以每天找一位同学来做监督员，监督班级里有没有爱奔跑的同学，这样又能起到警示的作用，也不会浪费太多同学的时间。"

这个观点虽好，但偏离了我们讨论的动议。我把同学们拉回了第一个议题中："你这是第二个动议了，我们先针对第一个动议进行讨论，下一个讨论你的动议，好吗？还有其他同学要发表观点的吗？"

同学们纷纷摇头："没有"。

随后，我们对"给班级里爱奔跑的几位同学每人找一位监督员，下课期间或者是用完午餐回教室的途中，监督员和各自要监督的同学在一起，时刻监督他们"的这个动议进行表决。赞成通过这个动议的有13票，反对的有29票。赞成票没有超过总人数的三分之二，不通过。

随即，我们进入下一个动议的讨论环节，就一诺同学提出的"每天选一位监督员"的动议发表自己的观点。

有的同学认为一位同学监督一天，相对于每天监督来说，压力不会太大；也有同学认为在这一天里面，这位监督员就不能好好地做作业，或者做自己想做的事情了。但很快有同学能够站在集体利益的角度，提出了有力的观点："监督员是为了督促同学不奔跑，既是为了同学的安全，也是为了班级不被扣分，这是光荣的事情。"这个观点得到了众多同学的附议，纷纷表示："对啊！监督员并不需要时刻盯着同学，他也可以做自己想做的事情，只要看到同学在奔跑了，适当地提醒一下就好了。""我同意一天一轮，这样对监督员的影响也并不是很大。"

经过一段时间的讨论，我们对"每天选一位同学来做监督员"的这个动议进行表决。赞成这个动议的有32票，反对的有10票。赞成票超过总人数的三分之二，这个动议通过。

一节课的时间匆匆而过，但班级会议还没有结束，我们还将在下一次的班级会议中评选出首批5位监督员，在下周进行试行。请同学们回去做好准备，选出你心中的理想人选。

这次班会因突发事件而临时改变内容，但针对这类事件的预防是及时和有效的。会议讨论并通过了解决课间和午餐后如何避免因奔跑而发生伤害事故的方案。在实施的过程中，我们还将不断地完善此方案。

这样的班级会议，使同学们能够参与到处理突发事件的整个过程中，通过一起分析发生的原因，从中吸取教训，避免此类事件的再次发生，并增强了他们解决实际问题的能力。

附：

班会预案设计

学校：上海市嘉定区清水路小学	班级：三年级(3)班	参会人数：	应到：42人
			实到：42人
会议主题：让课间活动更有序		会议主持：顾金霞	

班级会议目标：
1. 通过班级会议，增强学生的班级主人翁意识，养成主动为班级献计献策的好习惯。
2. 通过班级会议，学会认真倾听，善于思考，思辨有力，表达有序。
3. 在讨论中学会互相尊重，逐渐形成民主的班风班貌。

班级会议背景：

　　在上海市班主任工作室的通识培训中，华东师范大学胡东芳教授的讲座"从'班级保姆'到班级管理专家"令我深受启发。想要慢慢告别"保姆式"的班级管理模式，就需要给学生较大的自主管理空间，然而如果处理不当，就会造成许多突发事件。低年级的学生自控能力不足，时不时会给老师来一个"惊喜"——突发事件频繁出现。如何将突发事件变成教育资源，生成有效的处理方法，能够让学生从一件事情中总结经验，避免更多类似的突发事件的再次发生，成为我们本次班级会议的背景。

　　在我外出培训时，亮亮同学因课间奔跑摔倒而骨折，这件事成为一个现成的题材，借这一次突发事件我班召开了班级会议，提高大家解决突发事件的效率和能力，避免此类事件再次发生。

班级会议程序：
1. 宣布会议规则。
2. 介绍会议背景。
3. 提出动议，全班讨论并表决。

班级会议流程		
环节	会议内容	设计意图
宣布会议规则	由会议主席宣布本次班级会议的讨论规则。	三年级的学生已经到小学中年级阶段，他们参与班级管理的意愿越来越强烈，但讨论需要有序、充分，教师应发挥同学们的集体智慧，以理服人。

（续表）

\multicolumn{3}{c}{班级会议流程}
环 节	会 议 内 容	设 计 意 图
介绍会议背景	亮亮摔伤后虽然在老师和家长的配合下，得到了及时的医治，但如何防止这种校园伤害事故的再次发生是本次班级会议讨论的焦点。如何制止学生在楼道奔跑的现象是讨论的重点。	由轻松的谈话过程，导入本次班级会议所要讨论的主题，由此引出学生对此事经过的阐述，并非为了让不在现场的班主任能具体知道事情的来龙去脉，而是为了让学生能自己意识到问题发生的缘由——奔跑，为之后讨论如何解决课间奔跑问题做铺垫。
提出动议，全班讨论并表决	针对奔跑所发生的伤害事故，讨论如何预防此类突发事件的再次发生，由学生提出具有可操作性的动议。根据事先征集的情况，梳理动议如下： 动议一：对给班级里爱奔跑的几位同学每人找一位监督员，下课期间或者是用完午餐回教室的途中，监督员时刻监督各自所要监督的同学。 动议二：每天选一位同学来做全班的监督员，大家轮流监督班级的文明休息情况。 全体同学就动议展开充分的讨论，并对动议进行表决。根据学生举手表决的情况，宣布结果。	此类伤害事故已经不是第一次发生，班主任多次提醒学生，效果仍然不明显。每位同学都是班级的小主人，如何避免此类突发事件的再次发生，还是需要让学生自己出主意，激发他们的自我管理意识，才是有效的思考路径。通过对班级实际情况的分析，学生自己提出解决方案，身为主持人的班主任有效引导，让会议获得应有的目标达成度。充分讨论后让同学们进行举手表决，把决定权交还给同学，让他们决策，也利于方案的实施。中年级的同学通过一节课的讨论，可能不会完全明白最后的决议，再次明确动议内容，可以帮助学生加深印象，能增强教育的仪式感。

反 思 重 建

通过今天的班级会议，同学们初步制定出避免学生在课间或午餐后因奔跑导致突发事件再次发生的方案。相信在实施的过程中，同学们还将不断地完善此方案。召开班级会议，让同学们一起分析发生的原因，尝试避免此类事件的再次发生，能够使我们的班风更加积极向上，进一步提升班级的平安指数。

(续表)

反思重建
然而，在这次班级会议中我也看到许多不足之处。学生只顾着自己的发言，表达自己的观点，没有学会倾听他人的意见。这时，我应该要引导学生学会倾听，从中找到不足或共鸣处，这样才能提出更有效的动议，使班级会议的实效性有所提升。同时由于学生的年龄还小，部分表述不够清晰，在未来的日子里，他们需要不断地练习如何准确地表达自己的观点。相信假以时日，这些孩子们一定会学会如何倾听、如何表达得更清晰，这需要一个持之以恒的过程，我将为此而继续努力。

会议现场实录[①]

一、宣布会议规则

1. 宣布会议的基本人员

主席：同学们，今天我们要围绕"如何解决班级突发事件"这个主题召开一次班级会议。本次会议由我担任主席主持会议；由小张同学担任记录员，负责记录会议的内容；由小曹同学担任观察员，负责计时和提醒发言次数。大家是否同意？同意请举手。

2. 会议主席核对人数

主席：本次会议应到42人，实到42人。无人缺席。

3. 宣布会议规则

主席：班级会议是讨论班级公共事务、解决班级问题的一个平台，大家都是班级的小主人，当然，也是学校的小主人。所以希望大家积极发言，大胆表达自己的观点，为班级、为学校献计献策。但是在会议过程中也请大家遵守议事规则。特别要注意，每项议题每人只能发言两次，每次发言时间不超过两分钟。还有，当一个动议提出后，大家只能针对这一动

[①] 执教教师为上海市嘉定区清水路小学顾金霞。

议进行讨论,如果这个动议赞成票超过总人数的三分之二(即28人),那么就算通过,如果没有通过,则可以提出新的动议。大家清楚了吗?

生:清楚了。

二、介绍会议背景

主席:哪位同学先来阐述一下事情的经过?

生:主席,我看到亮亮是在用完午餐回教室的途中,因为林同学追赶他,他奔跑速度过快,在楼梯的转角处摔了一跤,所以手臂骨折了。

主席:所以亮亮骨折的原因是?

生(异口同声):奔跑!

主席:是啊!因为奔跑而造成的伤害可不止亮亮这一例,我也经常教导你们在走廊上不要奔跑,但有的同学还是做不到。针对这个问题,今天我们先来讨论一下如何预防此类突发事件的再次发生。

三、提出动议,全班讨论并表决

1. 提出动议

生:主席,我有个动议,我认为可以给班级里爱奔跑的几位同学每人找一位监督员,下课期间或者是用完午餐回教室的途中,监督员和各自所要监督的同学在一起,可以时刻监督他们。

2. 议题讨论

生:主席,我不同意这位同学的意见。班级里爱奔跑的同学不在少数,没有这么多监督员能够选出来。

生:我们可以先为几位特别爱奔跑的同学找监督员,有了监督员的监督,他们就不爱奔跑了,那么,那些偶尔奔跑的同学受到他们的影响也就不奔跑了呀!

生：监督员也有自己的事情要做，课间他们也要抓紧时间完成老师布置的课堂作业，并没有太多的时间能够一直监督这几位同学。

生：我也这么认为，给每位爱奔跑的同学都找一位监督员，太浪费监督员的时间了。再说了，如果监督员吃饭比较慢，爱奔跑的同学早早就吃完了，那怎么办呢？

生：爱奔跑的同学应该留下来等监督员一起走。

生：并不是每位被监督的同学都是自觉的，如果能做到自觉的话，他也不会经常奔跑啦！

生：那我们可以每天找一位同学来做监督员，监督班级里有没有爱奔跑的同学，这样又能起到警示的作用，也不会浪费太多同学的时间。

主席：你这是第二个动议了，我们先针对第一个动议进行讨论，下一个讨论你的动议，好吗？还有同学要发表观点的吗？

生：没有。

3. 表决

主席：现在我们对"给班级里爱奔跑的几位同学每人找一位监督员，下课期间或者是用完午餐回教室的途中，监督员和各自所要监督的同学在一起，时刻监督他们"的这个动议进行表决。赞成通过这个动议的请举手，有13票；反对的请举手，有29票。赞成票没有超过总人数的三分之二，不通过。现在我们就一诺同学提出的"每天选一位监督员"的动议发表自己的观点。

4. 新的动议讨论

生：主席，我同意这位同学的动议，一位同学监督，相对于每天监督来说，压力不会太大。

生：主席，我不同意上一位同学的观点，那在这一天里面，这位监督员不是也不能好好地做作业，或者做自己想做的事情了吗？

生：监督员是为了督促同学不奔跑，既是为了同学的安全，也是为了班级不被扣分，这是光荣的事情。

生：对啊！监督员并不需要时刻盯着同学，他也可以做自己想做的事情，只要看到同学在奔跑了，适当地提醒一下就好了。

生：我同意一天一轮，这样对监督员的影响也并不是很大。

5. 表决

主席：现在我们对"每天找一位同学来做监督员"这个动议进行表决。赞成这个动议的请举手，有32票；反对的请举手，有10票。赞成票超过总人数的三分之二，这个动议通过。下一节课，我们将评选出首批5位监督员，在下周进行试行。请同学们回去做好准备，选出你心中的理想人选。

第四篇

班级会议内容的预设与生成

> 我的困惑

班级会议需要排练吗

勤勤老师最近苦不堪言,为了新一期的班会她正绞尽脑汁地构思小品、快板等剧本,甚至每天下班后都在苦思冥想,等到有灵感时则赶紧找纸和笔记录下来。

其实,类似的情形会发生在大部分班主任老师的身上。主题班会一旦确立了主题,班主任们就会立刻准备起来,她们和勤勤老师一样,既承担编剧角色,又承担导演角色,还要带着学生进行多次的排练,原因就在于他们担心主题班会中学生表现不积极、状态不够热烈,主题班会的主题性不够明确……这不,勤勤老师把刚写好的剧本拿给了相关的同学。

"小王,你们几位这两天赶紧把这个小品的台词背背熟!""在说这句台词时要表现出一种无可奈何的神情来。再来一遍。"几遍重复下来,学生们满是疲惫的神情。

而这一边的勤勤老师则要不断祈祷:到了班会展示的那天,这些身负重任的孩子们千万不要有临时请假的,要是缺少"主角",就真不知该如何是好了。

勤勤老师也知道,虽然这种班会对孩子们有一定的教育意义,但由于事先预设太多,且在正式班会前已经多次排练,同学们对班会的新鲜感早就没有了。因此,课堂上呈现的热闹是"假热闹",留给同学们背后的深思和教育意义也会大打折扣。

这天,苦闷中的勤勤老师主动去找冯老师支招:"冯老师,都说班会要有充分的预设,可是我感觉为了充分预设而进行的事先排练会导致到开班会时学生的新鲜感荡然无存。可是,不排练,这班会也开不了啊!这可怎么办?"冯老师笑着说:"勤勤,你觉得所谓的充分预设,就是在开班会前反复排练预演吗?""难道不是吗?"勤勤老师陷入了沉思……

 为你解惑

适当预设,充分讨论

上一篇我们主要讨论了主题班会,这一篇想对这个问题继续做些展开。前不久,我刚观摩了一次主题班会。这个班会主题非常鲜明,内容健康向上,也非常有意义。班会主要采用了文艺表演与讨论交流相结合的方式,生动活泼。节目质量也非常不错,主持人表达流畅,讨论交流发言到位,整个过程都非常顺利,效果很好。因此,许多观摩的老师对此主题班会都给予了很高的评价。然而,在专家点评时,却指出这个班会的一个最大的问题——预设过度,生成不足,成为变相的"表演式"班会。

"表演式"的评价,切中问题的要害。但是不少教师不明白,为什么把这样的班会称为"表演式"?是否因为班会中采用了文艺表演节目的方式?

这样的结论显然有点偏颇。文艺节目作为小学生喜闻乐见的一种形式,融入主题班会之中,可以让他们兴趣盎然地接受教育,获得情感的陶冶,是一种被实践证明非常有效的教育手段。我们不能因为提倡班会重在发挥议事的功能,就把班会都开成严肃而缺乏童趣的"成人化"模样。适当加入文艺节目,不但可以活跃班会气氛,而且节目本身也是有教育意义的,因而可以起到寓教于乐的效果。

但是,把文艺表演融入班会,并不等于用文艺表演代替班会。我们也曾看到过一些主题班会,从头到尾就是一个个节目的堆砌,这实际上是一次文艺汇演而不是班会。因为班会作为一种会议,有着会议自身的特点,即会议是需要"议"的,是需要通过讨论来解决问题的。只演节目,没有讨论和解决具体问题,就不能算是"会议",如果一定要称它是会议,那只能是"表演式"的会议了。因此,要让主题班会符合"会议"的要求,就一定要安排当场讨论的内容,而且要通过讨论得出某种结论。例如,当场进行交流评比,当场开展竞赛活动,当场通过公约决议或方案等,这些显然是文艺演出所不能代替的。

说到这里,细心的读者也许又会提出问题,刚才我们提到的那次班会,不是并没有单纯表演节目吗?不是也安排了讨论交流吗?为什么还说它是表演式班会呢?其实,这里的"表演式"已经不只是指节目表演了,而是指讨论交流的发言都是事先准备好的,没有现场的思想交锋和观点碰撞。因此,这样的讨论并不具有解决实际问题的功能,只是把会前已解决好的结论向大家展示一遍而已。包括主持人的话,也是事先由老师写好,主持人只是背诵复述而已。这种完全把预设的内容照样展示一遍的做法,就是一种表演式,或者用一个现在的流行词来说就是"作秀"。

于是,问题就来了,开主题班会到底要不要预设呢?记得有一段时间,因为深感主题班会、主题队会表演痕迹严重,有人倡导"十分钟班会""十分钟队会",要求事先不做预设,在十分钟时间内,让学生当场自由发挥。这样做对"表演式班会"是一种突破,也有助于锻炼学生的独立思考能力和自主自立能力。因此,偶尔开展几次还是有意义的,但如果把这样的做法变成常态,就从一个极端走向另一个极端了。因为,事先不做预设的班会,毕竟是粗糙的、充满不确定的。重要的事情不可能在这样仓促的时间里匆忙做出决定。而且，长时间采用这样的班会形式，又会给学生形成一种做任何事情不用做准备、定计划的观念，容易使学生养成做事不认真的习惯，对学生的成长非常不利。古人说"凡事预则立，不预则废"。可见预设是很有必要、不可缺少的。我们不但不反对预设，而且主张预设要十分认真，对各种可能的情况都要考虑周到。我们反对的只是照搬预设，不根据实际情况做具体处理的班会，这里的关键就是在于要正确把握预设与生成的关系。

什么是班会中的预设？什么又是班会中的生成？班会中的预设，就是事先对班会进行设计，包括：班会主题是什么，内容是什么，用什么形式，整个过程如何安排，谁主持，谁参加，准备解决什么问题，运用哪些资源，拟得出什么结论，等等。但预设与实际总是不可能完全同步的。例如，结论要通过讨论得出，而讨论中会产生各种不同的意见，需要进行筛选和综合，这就不是完全可以预知的，这个过程就是生成，即在会议当场达成的结论、解决的问题、通过的方案等。生成的内容在开会前应该都属于"未知"的范围，必须通过开会才能破解悬念，揭开谜底，这才是班会的价值和魅力所在。如果开会前已经把结论都定下来了，没有任何悬念了，这个会议召开的意义就不大了，要开也只是表演给大家看看而已。同时，还需要指出，生成的情况有两种：一种是通过会议得出的结论基本上与预设相符、相近或相似，这是比较顺利的生成，即预设方案的顺利落实。另一种是在会议过程中，遇到了预设不到的情况，例如讨论中大家发生了严重的分歧，一时谁也说服不了谁；或者一种方案预设会顺利通过，结果却遭到强烈反对，这是一种超越预设之外的生成，就需要通过再协商或修改原来的方案，让大家再审议，而不宜匆匆忙忙完全依照预设得出结论并强行通过。

正确处理预设与生成的关系，关键在于"适当"。预设的适当包括预设内容的适当和预设方式的适当。预设内容的适当，就是要明确哪些内容可以预设，哪些内容不宜预设。例如，前面讲到的班会的主题、内容、形式等可以预设。如果会议中要采用文娱活动的方式，那么节目则要预设、预排，以保证一定的质量和效果。但讨论中每个人的意见不宜预设。如果每位同学发表的意见都是预先设定的，讨论就没有了实际意义。预设的方式适当指采用适当的方式进行预设和预排。例如，主持人的串词可以预排，但最好采用让主持人事先自己起稿，并在教师指导下完成，这样主持人在主持时，就不是照本宣科，而是带着自己的理解和情感。又如，节目可以预设，但宜限于演员的范围内排练，不宜一遍一遍地在全班面前排练，如果那样做，等到正式开会时，大家就已经产生审美疲劳了，节目的感染力就会大打折扣。生成的处理也要适当，这主要是对预设以外的状况做冷静适当的处理，具体问题具体解决，不生搬硬套预设方案，学会根据实际情况做适当的调整和改变。

对预设和生成之间的关系，如果用图来表示，可以把整个会议作为一个大圆，预设部分不是占满整个圆，而是留出部分给生成部分。生成又有两部分，一部分在大圆之中，表示落实预设，另一部分在预设之外，根据实际情况，或者经过调整后在会上解决，或者留待会后适当的时候去解决。

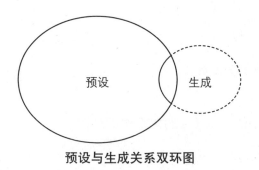

预设与生成关系双环图

本篇"班会时间"展示的两个案例：一个是介绍如何在班会前做好预设；另一个是介绍当会上发生预设以外情况时，如何通过适当处理，实现预设与生存共精彩。这两个案例可以作为班主任老师们在实践中的参考。

班会时间

1. 有预设和无预设，效果大不同
——完善小岗位评价制度：岗位评价，我们有话说

预设不周到　会议效果差

小学班级事务具体而琐碎，全集中在班主任这里让班主任来管理不仅辛苦，而且效率也很低。为此，我们班级建立了"小岗位责任制"，让学生参与到班级事务的管理当中，成为老师的"左膀右臂"。我们班级的"小岗位责任制"，从室内的卫生监督管理到校园文明行走劝导，再到绿植的养护等，事无巨细，形成了"人人有事做，事事有人做"的良好班风。为了鼓励学生的劳动积极性，我会定时举行评议会议，反馈岗位履职的情况。但是我发现每次评价会议，学生的参与度都不高，我想可能是我的奖励还不够吸引人吧，所以这次我准备加大奖励力度，激发学生的积极性，我想，效果一定会好！

"下面我们来评价这一周的小岗位，首先是护绿小精灵，大家觉得怎么样？"

"好！"

"下面是午餐分发员。"

"还行"

"下面是外交官，大家觉得怎么样？"

"还可以吧。"

……

这是班级评价小岗位的现场，除了我之外，发言的同学寥寥无几。就算参与，也只是进行一些表面化的评价，显然，同学们的参与积极性不高。这样冷清的情况，持续了一整节班级会议。

为评价小岗位的履职情况而举行的评价会议的初衷是为了激励大

家把小岗位越做越好,然而这样的会议就使其失去了原来的价值。每次会议后,我都会问:"每次评价会都会给你们发大拇指,累计大拇指可以换取奖品,难道你们不喜欢吗?""喜欢!"同学们大声地回答道。我真是又气又好笑,"那既然如此,为什么你们漠不关心?是不是觉得我们现在的评价方式有问题?"这句话似乎说到了最关键的地方,大家纷纷点头,都看着我。"好的,那我们请同学们来谈谈发现了什么不合理的问题。""刷"的一下,孩子们纷纷举起了小手,原来大家是"有苦不敢说"。纵观一下,同学们认为现在的评价方式不合理的原因主要有以下几点。

第一,评价时往往只是笼统地说了一个总体印象,无法从细节处说出哪里比较好,哪里有待改进,而老师也没有注意到整个过程。第二,一个小组的岗位做得比较好,并不代表每个人都尽职尽责,大家认为最不合理的就是有人当"南郭先生",沾大家的光,不劳而获。第三,真正参与评价的学生很少,有的同学没有留心其他同学的小岗位表现,有的同学思想在开小差,因而评价都不能真正达到想要的效果。

同学们的发言让我恍然大悟:原来,要开展岗位评价,首先要设定正确、合理、公平的评价方式。而这一点恰恰是我事先没有想到的,我过于依赖同学们讨论中的即时生成,忽略了前期的预设:如果同学们对参与评价不积极该怎么办?如果同学们在评价中不坚守原则,致使评价不公平怎么办?看来,要开好班会,还得在预设上下功夫。

预设做充分　开会有底气

吸取了上次开评议会不成功的教训,我就从两方面认真做预设:(1)在岗位评价前首先要确定合理的评价方式;(2)自己对评价方式先有个初步的方案,即选拔班上办事最公平、最受大家信任的同学担任岗位监督员,由他们作为主评,再听取其他同学的意见,这样的评价方式一定能够得到大家的认同。

但我并不想一开会就拿出自己的方案。如果开会前已经把结论都定下来了，没任何悬念，这个会召开意义就不大了，要开也只是表演给大家看看而已。必须通过开会让学生们充分讨论，才能得出真正属于他们心中的答案，真正解开悬念，揭开谜底，这才是班级会议的价值所在，魅力所在。况且，我心中已经有了充分的预设，对开好会就有了十足的底气。

首先，我请小瞿同学先征集一下评价方案。果然这一议题比较受欢迎，学生们的积极性很高。有人最先提出，让小岗位组长担任监督员。立刻有人提出反对意见，认为如果组长和组员是好朋友就会出现包庇的情况。另一位同学提出，那可以让甲组组长评乙组，乙组组长评丙组，丙组组长评甲组，这样循环互评，总不会包庇了！

可又有同学不同意：如果各组之间为了争荣誉争奖励，都把别的组评得很差，那不是也不公平了吗？

我不动声色，提示小瞿问大家还有没有别的评价方案？这一问，同学们都开始纷纷表达自己的意见。有人提出了男女互评的方案，理由是因为男生女生通常不会相互包庇。有人提议还是应采用"同桌互评"或者"前后四人互评"的方案，但又有同学质疑：同桌或四人小组也可以互相包庇，如果他们相互"串通"，那评价还是会不公正！

会议开到这里，就走入了"死胡同"，同学们不停地提出新的方案，但是又不停地否定，说来说去，就是怕同学之间互相包庇、不公正，似乎没有一个方案可以解决问题。其实这都是因为他们"不识庐山真面，只缘身在此山中"。如果我开会之前没有做好充分预设，那么今天这次的班级会议肯定又是没有结果的徒劳。此时我觉得拿出自己的方案时机已经成熟了。于是我提醒大家说：我们班上有没有办事公正、不偏心的同学？这一说，同学们都回答应该有。"那好，我们把办事公正的人选出来当岗位监督员，让他们平时注意观察各岗位的履职情况，做好记录，评价时让他们作主评发言，大家再作补充，这样的评价应该就会比较公平合理了！"

这一预设方案的及时推出，有效地消除了同学们怕评价不公正的顾虑,都表示赞成这个方案。后来在实践中也证明了,由于所选的监督员确实是办事公正、受大家信任的人,他们对岗位工作的观察记录又十分认真,评价时以事实说话,大家听了心服口服,岗位评价进行得很顺利。我也深刻地体会到:预设做充分,开会有底气!

附:

班会预案设计

学校:上海市奉贤区明德外国语小学	班级:四年级(1)班	参会人数:	应到:42人
			实到:42人
会议主题:完善小岗位评价制度		会议主持:夏静	

班级会议目标:
1. 通过班级会议,使学生能够大胆发表自己的观点。
2. 在讨论中,使学生养成认真倾听、积极思考的习惯,学会从集体的共同利益出发思考问题,主动献计献策,提升他们的思维品质和表达能力。
3. 通过班级会议,完善班级小岗位评价制度,进一步形成开放、民主、和谐的班级氛围。

班级会议背景:

　　班级小岗位的设置、小干部的培养,是每一位班主任工作计划中的一部分。在班级中,我采用通过岗位设置、岗位竞选、岗位实践、岗位评价等方式,以培养学生的领导力和执行力,让学生"人人有岗位,个个能担当"。

　　我们班级的小岗位最开始是沿用了学校提供的小岗位,实行一阶段以后,发现有些小岗位不需要,有些应有的小岗位却没有。于是大家通过开班级会议讨论之后,根据班级特色,设立了符合班级特色的小岗位。之后,大家又经历了岗位的轮换、合并与分立,渐渐能保证班级日常的正常运行。但是,其中一个问题困扰了我很久,就是如何评价小岗位工作。现在采用的原则是两周一次的师生共评,比如评价护绿组,用同学们发言来评价他们可以得到几颗"大拇指"贴纸。这样的评价产生了很多问题:第一,在评价时学生只是发表了一个总体印象,无法从细节处说出哪里比较好,哪里有待改进,而老师也没有注意到整个过程。第二,如果某个小组的岗位做得比较好,但不代表每个人都尽职尽责,大家认为最不合理的地方就是有人不劳而获。第三,真正参与评价的学生很少,有的同学没有留心其他同学的小岗位表现,有的同学在开小差,每次评价都不能真正达到想要的效果。所以,开展以完善小岗位评价制度为目的的班级会议迫在眉睫。

（续表）

班级会议程序：
1. 宣布会议规则。
2. 介绍会议背景。
3. 提出动议，展开讨论并表决。
4. 会议总结。

班级会议流程		
环 节	会 议 内 容	设 计 意 图
宣布会议规则	1. 介绍会议基本人员。 2. 会议主席核对人数。 3. 宣布会议规则： （1）每项议题每人只能发言两次，每次发言时间不超过两分钟。 （2）当一个动议提出后，大家只能针对这项动议展开讨论。如果这项动议的赞成票超过总人数的三分之二，则此项动议通过。如果没有通过，则可以提出新的动议。	让学生明确此次班级会议中担任各职务的人员和职责；再次明确会议的基本流程，提醒学生遵守会议规则。规定时间能够确保有更多的人能参与讨论，提高讨论的有效性，也让会议的开展显得更为正式，并得以顺利进行。
介绍会议背景	1. 在针对班级小岗位问题的调查中，反映最多的是关于小岗位评价制度不合理的问题。 2. 部分小组的岗位虽然做得比较好，但不代表每个人都尽职尽责，学生认为最不合理的地方就是有人不劳而获。 3. 真正参与评价的学生很少，其他同学或者没有留心其他同学的小岗位表现，或者在开小差，每次评价都不能真正达到效果。	班级小岗位的评价，是岗位制度非常重要的一个环节。因为，学生在岗位上虽然都是尽力在履职，但限于个人能力和客观因素，每个岗位的完成情况其实是不一样的。岗位评价是帮助学生了解自己岗位工作情况的一个评价窗口，能让他们在同学的客观评价中不断改进，争取能在日后的工作中尽善尽美。

(续表)

\	班级会议流程	
环节	会议内容	设计意图
提出动议、展开讨论并表决	1. 动议提出人阐明自己的动议。 2. 对议题进行讨论。 3. 对此项动议进行表决。	由动议提出人阐明动议，是因为这是学生自己发现的问题，可以由现状引发思索，更容易引起同学们的共鸣，也能让学生感受到自己主人翁的地位。同学们就两项动议展开了激烈的讨论。由于大家对动议的思考非常深刻，发现难以在短时间内推选出让绝大多数同学信服的动议。但激烈的讨论本就是表明了同学们都把自己看成是班级的小主人，他们迫切需要新的班级小岗位评价机制。评价机制必将在学生新的观察思考中得到完善。
会议总结	根据学生举手表决情况，宣布结果。	
\	反思重建	

　　在班级会议的开展过程中，学生发言很积极，思维也比较踊跃，但是最后并没有就议题内容进行有效的升华，也没有完成预期的结果。我想，主要原因有以下几点：第一，太过于强调班级会议议事原则要一正一反，使得学生总是被前面的观点所牵引，而没有回到正题。在这个过程中，教师的引导存在很大问题。第二，没有引导学生正确的价值观，在会后研讨中，我才醒悟：学生太多的言论都是来自对自我利益的追求，而我更应该引导他们更多地来维护班级利益。第三，没有掌握班级会议的实质，只是注重班级会议的形式和流程，停留在了表面的热闹上，而忽略了班级会议应当为解决问题而服务。

会议现场实录[①]

一、宣布会议规则

1. 宣布会议的基本人员

主席：同学们，今天我们要围绕"完善小岗位评价制度"这个主题召开一次班级会议。本次会议由我担任主席，主持会议；由小杨同学担任记录员，负责记录会议的内容；由小付同学担任观察员，负责计时和提醒发言次数。大家是否同意？同意请举手。

2. 会议主席核对人数

主席：本次会议应到42人，实到42人。无人缺席。

3. 宣布会议规则

主席：经过前几次的班级会议，我们已经知道了班级会议是讨论班级公共事务、解决班级问题的一个平台，大家都是班级的小主人，所以希望大家积极发言，大胆表达自己的观点，为班级献计献策。但是在会议过程中也请大家遵守议事规则，特别要注意，每项议题每人只能发言两次，每次发言时间不超过两分钟。还有，当一个动议提出后，大家只能针对这一动议进行讨论，如果这个动议赞成票超过总人数的三分之二（即28人），那么就算通过，如果没有通过，则可以提出新的动议。大家清楚了吗？

生：清楚了。

二、介绍会议背景

在针对班级小岗位问题的调查中，反映最多的是关于小岗位评价制度不合理的问题：第一，在评价时学生只是发表了一个总体印象，无

[①] 执教教师为上海市奉贤区明德外国语小学夏静。

法从细节处说出哪里比较好,哪里有待改进,而老师也没有注意到整个过程。第二,如果某个小组的岗位做得比较好,但不代表每个人都尽职尽责,大家认为最不合理的地方就是有人不劳而获。第三,真正参与评价的学生很少,有的同学没有留心其他同学的小岗位表现,有的同学在开小差,每次评价都不能真正达到想要的效果。所以,开展以完善小岗位评价制度为目的的班级会议迫在眉睫。

班级会议前期,提出并讨论了两个比较有可行性的动议。

动议一:让组长负责评价,给组长一份组内人员表格,让组长每天对他们的工作进行记录,定时进行反馈。

动议二:按照班级座位形式四人一组,四人互相评价,最好能做到男生女生互评,在得到大家认可后,可以获得小岗位"大拇指"贴纸。

主席:下面就请大家对这两个动议进行讨论。

三、提出动议,展开讨论并投票表决

1. 提出动议

生:主席,我提出的动议是让组长负责评价。我们可以给组长一份组内人员表格,让组长每天对他们的工作进行记录,定时进行反馈。

2. 议题讨论

生:我不同意这一动议,如果组长和组员是好朋友,就会出现相互包庇的情况。

生:我同意这一动议,我认为组长是大家选出来的人,应该能做到公平公正。

生:可是,如果组长没有时间,就无法很好地评价。

生:会不会出现组员收买组长的情况,这样就对其他人不公平。

生：会不会组长的记录被别的组员擦掉或者更改？

生：不会出现这样的情况，擦了会有痕迹，而且字迹也不一样。

生：主席，我有疑问：同学们在各个角落工作，怎样保证组长每一个角落都能看到？

生：组长的判断会不会受到好友影响？

生：不会出现这样的情况，我们都是可以观察到的。

3. 表决

主席：现在我们对这个动议进行表决。赞成通过这个动议的请举手（计数），反对的请举手（计数）。赞成票17票，反对票25票，根据议事规则，超过总人数的三分之二即为通过，因此这个动议没有通过。

4. 提出新的动议并讨论

生：主席，我的动议是按照班级座位形式四人一组，四人互相评价，最好能做到男生女生互评，在得到大家认可后，可以获得小岗位"大拇指"贴纸。

生：我感觉女生人数太多，会相互包庇。

生：主席，我不认为班级中的男生与女生会互相包庇。

生：但是男生、女生人数不平均，所以男生处于弱势。

生：这个评价方法我赞成，因为同学离得近，了解更清楚。

生：我们每个小朋友都有自己的小岗位，我们大部分时候是同时在做小岗位。

生：我不赞成，我们都是在自己空闲的时候做小岗位，所以每位同学做"小岗位"的时间可能是不同的。

生：会不会有的同学看不到，或者记不住？

生：一个小朋友对班级有多少贡献，全班都是看得到的。

生：我赞同这个动议，因为组内四人可以互相观察。

生：我也赞同，大家可以进行公正评价。

生：但是会存在收买或者相互串通的情况。

生：我们平时发现，有的同学表面看上去在做事，其实并没有任何进展，但这其实并不容易观察出来。

生：小组评价完，我们还要全班认可。

生：我赞成，我们可以更公正地观察和评价。

生：如果组长认真做自己的小岗位，那么他就看不到其他人的工作了。

6. 表决

主席：现在我们对这个动议进行表决。赞成通过这个动议的同学请举手（计数），反对的同学请举手（计数）。赞成票25票，反对票17票，根据议事规则，超过总人数的三分之二即为通过，因此这个动议没有通过。

四、会议总结

主席：本次班级会议中，我们的两个动议都没有通过。这两个动议有其合理性，但也存在问题。请大家想一想，我们班上有没有办事公正、不偏心的同学？如果有，我们可以把他们选出来当岗位监督员，让他们平时注意观察各岗位的履职情况，评价时让他们作主评发言，大家再作补充，这样的评价应该就会比较公平合理了！今天的会议就告一段落，下一次我们将推选岗位监督员，请大家做好准备。在今天的班级会议中，我们学会了积极思考，学会了大胆表现自己，同时也学会了多方面地考虑问题，相信我们的班级会议会越开越好！

> 班会时间

2. 让预设与生成共精彩
——午餐管理员述职：岗位述职，我们都是最棒的

关于预设与生成，有这样一个有趣的比喻：预设与生成就像是两张网，需要解决的问题像渴求食物的"鱼"，会议的主持者可用预设的网先逮住"大鱼"，再用生成的网逮住"小鱼"。对于一些不往两张网里钻的"鱼"，会议的主持者要善于观察、呵护、引导、点拨，从而催生新的精彩。一次午餐管理员述职评议会，让我和同学们一起感受到了预设与生成之间的精彩。

这一次的午餐管理员会议，主要是对班级中三位午餐管理员的工作进行述职和评议。我们班一共有三位午餐管理员：云云管理的是剩饭倾倒时的排队顺序；达达主要管理的是光盘行动；小梓管理的是用餐后餐盘的摆放。会议前，我先告知三位管理员准备述职，评议会议需要他们先写好"述职报告"，这样他们就可以有备而来，事先把自己想表达的内容准备好。三位同学在写完发言稿后都分别交给了我看，我看了以后对他们提出建议："述职报告不用对自己的工作加许多形容词，好不好应该由大家来讲，你们只要实实在在地把自己做了哪些工作，怎么做的说出来就行了。"同时，我还要求他们在会议前对发言稿内容严格保密。会议之前，请全体同学在minibook[①]上先对三位午餐管理员的工作写一个评价，这样的会议前准备工作，我自认为做得是比较充分的，而且三位管理员的述职报告都写得比较好。就这样，我和同学们一起期待着班级会议的到来。

一周以后，评议会如期召开。

---

① minibook在这里指学生自己准备的班级会议记录册。

minibook

　　第一位发言的是云云,她管理的是剩饭倾倒时的排队顺序。云云把自己的工作详细地跟大家做了说明,特别讲述了当有的同学做得不好的时候,她是怎样善意提醒的。最后大家一致举手通过,云云继续担任下一学期的午餐管理员工作。第二位是达达,他主要管理的是光盘行动,他给大家定下的目标是最多只能留一个菜吃不下去,但是必须说明原因,如果有特殊情况可以原谅,他认为这样可以让小朋友养成节约粮食的好习惯。他说完以后,虽然大家有些小的建议,但是总体还是不错的,因此,达达最后的票数超过了一半,也连任了午餐管理员的职务。

　　第三位是小梓,我看出了小梓的紧张,给了他一个鼓励的眼神。虽然之前我也了解过,大家对于小梓的工作态度有些意见。有的同学认为小梓工作时有点凶,让他有点害怕;还有的同学认为小梓有些"蛮横""严格",只要听到同学午餐时讲了一句话,就不分青红皂白,立刻把同学拉出去。但是从小梓平时的表现中可以看出他工作态度认真,我也跟小梓沟通过,小梓表示非常愿意改进。因此,我认为这次的述职,同学们即便会向他提出一些建议,也是正常的。但是,没想到的是,等小梓述职一结束,情况突然急转而下,完全出乎了我的预料。

小梓:大家好! 我是一年级(12)班的午餐管理员小梓,很高兴今天和大家分享我这学期担任班级午餐管理员的职责和表现:首先,在学校开展的光盘行动中,我会提醒大家要爱惜粮食、不挑食,把饭菜都吃完。其次,大家吃好饭排队倒剩菜的时候,我会维持好秩序,并提醒大家不要把饭菜倒在桶外面。第三,如果有同学不小心把饭菜洒在桶外面了,我会用扫帚扫干净,保持教室和走廊的整洁。最后,这学期我当午餐管理员还有很多做的不足的地方,比如有时候对同学过于严格了,请大家原谅并继续支持我。相信我以后会努力做得更好,谢谢大家!

待小梓完成述职,讲台下的同学们纷纷举起了自己的小手,想要表达自己的看法。"小梓对我们要求太高,一点做不好就要罚站。""他一点都不给我们改正的机会。""他太不讲道理了,我不小心把餐盘掉在地上,小梓就批评我,都不给我解释的机会。"……我望着小梓,他非常紧张,脸涨得通红,虽然我相信关于同学们反映的意见,他心里是有一定准备的,但是没想到有这么多人批评他,而且发言的同学眼睛直盯着小梓,表现得很气愤,小梓一下子沉默了。其实,在会议之前我曾与小梓单独聊过这个话题,他很喜欢这份工作,非常乐意为大家服务。现在看着大家对他提出这么多意见,他心里有点不服气。想争辩,又怕大家说他不虚心。然而,在讲台下,其他同学听到对小梓的批评后,似乎觉得说得非常有道理,纷纷举起了小手。我也在心里为他捏把汗,觉得大家只看到小梓"凶"的一面,而没看到他对工作负责的一面,有点偏颇。孩子们年龄还小,看事情往往会有些片面,如果仅仅依据刚刚的评议,我觉得会伤了小梓的心,毕竟他的严格其实是为大家好,是想让餐盘摆放更整齐。虽说我预料到会有同学反对小梓的做法,但猜中了开头却没猜中结局,作为主持人,我替小梓有些鸣不平,但内心反复默念:"保持中立,不能越俎代庖，千万不能依照自己的预设作出结论并强行通过！"但这样的讨论再继续下去的话，对小梓的评述就变成了"讨伐"。大家都在宣泄着自己的不满，这并不是我们这次班级会议的初衷，作为会议主席，我应该帮助大家，让同学们在评述时能更加公正客观。

这时我面带微笑地说："其实每一个人的身上都有优点和缺点，老师也不例外。我们在评价小梓的时候，大家有没有想过他为什么会凶呢？为什么要对大家这么严格呢？他为什么每天站在餐盘旁督促大家呢？"我的问题一抛出，悠悠第一个说："小梓对工作很负责，每天他都是第一个吃完饭站在餐盘旁提醒大家，从来没有间断过。"茗茗说："他的严格是为我们好，因为他希望我们送回餐具时要排整齐，这样就不会影响走廊里其他同学走路了。"阳阳说："小梓虽然态度不大好，但是他愿意为大家服务，他是善意的，我们应该体谅他。"瑞瑞说："小梓的心里装的是集体，所以他才会这么严格地要求我们，正是因为他的严格，我们每次的队伍才会那么整齐。"……同学们你一言我一语地表达着自己的观点，我安心了许多，至少现在学生的发言中都表达了对小梓工作的肯定。最后，小梓的票数仍然超过了半数，可以说是险胜。小梓在获胜后，大声地说："大家提出的建议我一定会改正的，希望大家看我的表现。"掌声顿时响起。"同学们，小梓发自内心的真诚大家都感受到了，我们有理由相信，小梓下学期的午餐管理员工作会越做越好，请大家相信他。"

这次的述评会议到此圆满结束了，但是，会议中对小梓述评的场面有时仍会在我的脑海中闪现。我追求的是会议中预设与生成的动态平衡，但是当预设与生成完全不匹配的时候，我们应该做些什么？在预设中已经有这样的预估，要不要提早给学生打"预防针"？学生大胆表达自己的观点，这样的生成绝对是真实的，但是在会议之前我是否应该对学会有正确的引导？还是任由学生进行思维碰撞产生结果，然后我再去解决？会议之前的准备工作固然重要，预设也是建立在充分的准备工作的基础之上的。那么，这是不是在提醒着我平时学生的一言一行，每一次的活动，每一个小岗位的实施,每一次干部的改选……所有这些我都应该更加细致地关注,并适时引导和点拨。如此多的思考让我明白了一点:班级会议是一个动态生成的过程,再精心的预设也无法预知整个会议的全部细节,无法全部预知精彩的生成。在班级会议中,难免会发生诸多的意外,一旦出现"不速之客",我们要有心理准备,灵活应对,抓住生成点,引导学生开放自己的思维从而得到拓展,通过争论从而走向认同。这样巧妙利用意外的"生成",将会产生我们班级会议预料之外的精彩!

班会预案设计

学校:上海市浦东新区福山外国语小学	班级:一年级(12)班	参会人数:	应到:46人
			实到:46人
会议主题:午餐管理员述职		会议召集人:小张同学 会议主持:吴屹	
班级会议目标: 1. 通过"午餐管理员"述职,让学生敢于发表自己的想法,树立参与班级管理人人有责的意识。 2. 在交流中,让学生学会认真倾听,积极思考,明白事物往往有两面性。 3. 通过正确的评述,让学生学会对他人工作的评价要力求做到公平和公正;通过发扬优点,改正不足,让担任小岗位的学生能明确目标,有新的努力方向。			
班级会议背景: 　　根据社会主义核心价值观个人层面的要求,身为德育工作者,我们要培养学生"爱国、敬业、诚信、友善"的道德品质。其中,小学生"敬业"品质的培养该如何落实,是值得我们思考的。在小学阶段,学生最有机会学习敬业品质的途径之一就是做好自己在班级、学校中的小岗位工作。 　　在这个大前提下,我接手的一年级的学生有着特殊的学情——他们刚进入小学生活,有许多想法和做法还停留在幼儿园阶段;他们活泼好动,对很多事情都充满着好奇,主要以形象思维为主。在开学的一个月里,大家彼此熟悉,开始有了沟通和交流。这时候,班集体中需要树立一些榜样。那些不仅能规范自己的行为,同时也愿意为其他同学服务的学生就成了班级各个岗位中的小小管理员。于是,除了儿童团的干部,我们还设置了"八大员",如节电员、行为规范示范员、卫			

（续表）

生员等,协同小干部们一起参与班级管理。同时,在实际的班级事务管理中,大家还发现,班级需要设置一些能进一步帮助班级管理的小岗位,例如:小小护绿员、安全卫士、图书管理员、午餐管理员等岗位,大家根据实际需要并经过讨论,对每一个岗位的人数也进行了规定,比较有效地保证了班级各项工作的开展。这些小岗位的设置,不仅培养了学生自我管理的能力,同时对于班级各项活动的正常运作也起到了良好的推动作用。一学期结束了,我们开始对每一个岗位进行述职和评价,期待找出他们的优点和不足,使班级后续的工作开展更加顺利,也让我们的小岗位在班级管理中闪闪发光。

班级会议程序:
1. 宣布会议话题与规则。
2. 观看视频,回顾之前开过的班级会议。
3. 午餐管理员述职、评价和表决。
4. 会议总结。

班级会议流程		
环　节	会　议　内　容	设　计　意　图
宣布会议话题与规则	由主持人宣布本次班级会议的话题与规则。	一年级的学生经过几次班级会议后,对于班级会议的流程基本清晰,而且班级会议的话题和规则都是由学生根据班级生活中的实际情况提出和制定的,所以完全可以让学生自己来主持。建议主持人可以先由班中的小干部轮流担任,随后可逐渐扩展为全班同学一起参与。
观看视频,回顾之前开过的班级会议	将第一次班级会议至今的内容进行梳理,制作成视频,让大家一起边看边回顾班级会议开展至今的历程和内容,以及班级会议后所制定并实施的议题给班级带来的变化。	通过对过往班级会议的历程和内容的回顾,让学生看到自己在班级会议中的表现及取得的进步,激励学生敢想、敢说、乐意表达,并促进学生参与班级事务的热情。如此可以从小培养学生的主人翁意识,并且让他们学会用自己的实际行动解决问题。

（续表）

班级会议流程		
环　节	会　议　内　容	设　计　意　图
午餐管理员述职、评价和表决	请三位午餐管理员对自己本学期的工作进行述职，包括工作中的优势与不足，然后听取大家的意见。述职结束后全班同学举手表决，票数超过总人数一半的同学继续担任下学期的午餐管理员工作。	通过午餐管理员的述职，让学生尝试对自己一阶段的工作进行梳理、回顾和反思。在听取同学反馈的过程中，了解自己的不足，确立新的目标并加以改进。当然由于学生年龄尚小，在工作中难免会出现各式各样的问题，如果在全班学生评价时，出现过多负面评价，班主任应及时引导，让学生明白要多发现别人身上的优点，营造班级会议积极向上的氛围。
会议总结	1. 三位午餐管理员就全班学生提出的建议明确改进方向。 2. 班主任就本次会议的开展情况进行总结。	通过午餐管理员对于全班同学所提出建议的回应，班主任能进一步了解本次会议带给学生的启发与收获。最后，班主任通过对本次班级会议的总结，提升全班学生对议题的认识，促进他们表达自己的感想，进而推动实际问题的解决，让学生有切实的成长。

反思重建

　　作为班主任，在刚开始接触班级会议时，对一年级学生是否具备召开班级会议的能力我是持怀疑态度的，他们对于"集体"这个概念还不明确，又如何做到成为班级的小主人，当"家"做主呢？但是，在经历了几次的班级会议后，我欣喜地发现他们完全可以在我充分的设计与引导下，实现在班级会议中的个人成长与集体建设。初期，我手把手地教，把每一个内容和操作方法告诉学生，目的是在引导中让学生敢于表达。几次会议下来，学生们都有模有样，实现了我的预期目标。这次的午餐管理员述职就是一个成功的案例。

　　在以后的班级会议中我会更多地放手，因为有了一年级召开班级会议的基础，二年级再开展就会得心应手了。有些问题，学生们通过自己召开会议就可以解决，而我只需要适当地点拨一下。我还设想，尽管我们二年级还不能参加少代会，但是我可以把少代会的提案与召开流程引入班级会议，让学生们不仅参与自己班级事务的管理，还参与到学校的管理中去；不仅有参与班级与学校管理的热情，还能将提出的议案具体地落实下去。

会议现场实录①

一、宣布会议话题与规则

1. 宣布会议规则

会议召集人： 快来呀，快来呀，开会啦，开会啦。下面我来宣布一下开会规则：（1）不随便讲话；（2）先举手再发言；（3）认真听，仔细想；（4）每人发言两次，每次不超过2分钟；（5）坐姿端正。大家都听清楚了吗？

生： 听清楚了。

会议召集人： 今天的会议主持由吴老师担任，记录员由张老师担任，下面我宣布会议开始。

2. 宣布会议话题

会议召集人： 我们已经开过很多次班级会议了，会议主题有讲文明用厕的，有讲文明休息的，你们想知道今天的主题是什么吗？

生： 想。

会议召集人： 请云云同学告诉我们吧，大家掌声欢迎。

云云： 我们本次班级会议的主题是班级中三位午餐管理员的述职及评议。

二、观看视频，回顾之前开过的班级会议

主席： 前段时间，我们班级召开了一系列的班级会议，我觉得大家在班级会议中的表现都非常棒，我把班级会议的记录做了一个总结。接下来，我们一起认真观看一下视频。

---

① 执教教师为上海市浦东新区福山外国语小学吴屹。

（汇总一学期班级会议的召开情况，主席对于视频中播放的内容做相应的解说：minibook的诞生、会议规则的讨论，讨论的主要话题和同学们的变化等）

主席：请同学们为自己的表现鼓掌。

三、午餐管理员述职、评价和表决

1. 云云同学的述职和评价

云云：大家好，我是一年级（12）班的午餐管理员，我的工作是维持倒饭秩序，以及监督餐盘是否摆放整齐。我会提醒同学不要把剩饭倒在桶外，没有摆放整齐的餐盘我会整理好。我很高兴能为同学们服务。

主席：刚才云云对于自己午餐管理员的工作给大家做了一个综述，接下来我们要来评价一下午餐管理员的工作到底怎么样呢？我们设计了三条评价标准：（1）工作态度；（2）工作能力；（3）工作效果。请大家根据这三条，一起来说一说你对云云的工作评价。

生：云云的工作态度很好。因为我把饭菜倒在外面的时候，她会跟我温柔地说话。

主席：你喜欢她温柔的表达，对吧。

生：云云的工作态度很好。她每一次跟别人说话没有很大声，都是轻轻的。

生：她的工作效果很不错。万一我们把饭菜倒在了外面，她还会来帮我们擦干净。

主席：还有其他人想说吗？

生：每次饭残留在餐盘里，云云都会用勺子把餐盘里的饭刮干净再放入盒子中。

生：她总是提醒大家不要把剩余的饭菜倒在外面。

生：她每次都主动来帮助我们，还管好我们的队伍，而且如果我们做得不好都会给我们一次机会。

生：她对我们都很宽容，不会跟我们发脾气，不会把我们从队伍中拉出来罚站。

主席：同学们一致认为云云工作态度认真，对待没有做好的小朋友也非常宽容，并能主动帮助他们，这说明云云的工作做得很棒。接着我们来举手表决，大家听清楚，如果云云的票数超过总人数的三分之二，就是超过31人，那么云云就继续担任我们下一个学期的午餐管理员。现在请大家对云云刚才的述职进行表决，同意她下一个学期继续担任我们的午餐管理员的同学请举手。

（学生举手）

主席：哇，全票通过，让我们用掌声祝贺云云。

2. 达达同学的述职和评价

达达：大家好，我是一年级（12）班的午餐管理员达达。我的工作是等同学们吃完午餐后帮助大家收汤碗。因为小朋友们都做得很棒，都把碗里的汤喝干净了，所以我收得又快又好。我很喜欢做午餐管理员，我愿意为大家服务，谢谢大家。

主席：达达的午餐管理员工作主要是收汤碗。接下来请大家对达达的工作进行评价。

生：我觉得他工作得很好，他的能力也不错。例如，我没有把汤喝完，他让我回去把汤喝完后再来倒饭。我觉得他这样做很正确。

主席：他是在提醒你不浪费，是不是？

生：我的碗里还剩下一些汤，他会及时督促我，而且和我说的时候态度很好。

生：他每次都会按时到岗。

生：他每次都会把汤碗收拾得很整齐，我觉得他非常棒！

生：如果我的汤碗掉在地上了，他会帮我捡起来。

生：他很有耐心，我的碗掉在地上两次，他就直接帮我捡起来放进餐盒里。

主席：你很欣赏他的耐心。

生：达达的工作结果也很棒。餐盒里的碗他全部收掉了，并且叠放得非常整齐。

生：他很负责。

生：他每一次都把小朋友的碗摆放得很整齐。

主席：好，下面请大家对达达的述职进行表决。和前面一样，赞成人数超过总人数的三分之二，达达将继续担任我们下一个学期的午餐管理员。请大家举手表决。赞成票有43票，我们掌声祝贺达达。

3. 小梓同学的述职和评价

小梓：大家好，我是一年级（12）班的午餐管理员小梓，很高兴今天和大家分享这学期我担任午餐管理员的职责和表现。首先，在学校开展的光盘行动中，我会提醒大家要爱惜粮食、不挑食，把饭菜都吃完。其次，大家吃好饭排队倒剩饭菜的时候，我会维持好秩序，并提醒大家不要把饭菜倒在桶外面。第三，如果有同学不小心把饭菜洒在桶外面了，我会用扫帚扫干净，保持教室和走廊的整洁。最后，这学期我担任午餐管理员还有许多做的不足的地方，比如有时对同学过于严格了，请大家原谅并继续支持我。相信我以后会努力做得更好，谢谢大家！

主席：现在我们对小梓的工作来进行评价。

生：小梓对我们要求太高，一点做不好就要罚站。

生：我觉得他做得有点不好。只要听到一个人讲一句话,他就把那人从队伍里拉出来了。

生：他太不讲道理,我也是不小心把餐盘掉地上了,小梓就批评我,都不给我解释的机会。

生：我觉得有点凶。我就是笑了一下,他就把我从队伍里拉出去了。

生：我觉得小梓还行,虽然他有点凶,但是他是为我们好,为班级好。让我们倒饭的时候安静一点。

主席：其实每一个人的身上都有优点和缺点,老师也不例外。我们在评价小梓的时候,大家有没有想过他为什么会凶呢？为什么要对大家这么严格呢？他为什么每天站在餐盘旁督促大家呢？羽乔看到了小梓"凶"背后的原因是什么？

生：他凶的原因是他认为我们倒饭的速度太慢了。还有的同学叽叽喳喳像麻雀一样在讲话,所以他要凶一点。

生：他凶一点是因为他想让我们班级成为这个学校最棒的一个班级,所以他要凶一点让我们做得更好。

主席：大家能不能找到一点小梓在工作中做得比较好的地方。

生：达达的汤碗来不及收,小梓会帮助他一起收汤碗。

主席：有时达达的汤碗拿得太多了,拿不下,小梓就会帮他一起拿。

生：小梓对工作很负责,每天他都是第一个吃完饭站在餐盘旁提醒大家,从来没有间断过。

生：他的严格是为我们好,因为他希望我们送回餐具时要排整齐,这样就不会影响走廊里其他同学走路了。

生：小梓虽然态度不大好,但是他愿意为大家服务,他是善意的,我们应该体谅他。

生：小梓的心里装的是集体，所以他才会这么严格地要求我们，正是因为他的严格，我们每次的队伍才会那么整齐。

生：他的工作效果很棒，地面非常干净，餐盘叠放得也很整齐。

生：有时达达的碗打翻在地上的时候，小梓都会帮助他捡起来。

生：他虽然让我们站出来，其实是让我们想一想哪里做得不对。

主席：小梓是用他自己的方式管理着我们排队的倒饭队伍。

生：他有一种永不放弃的念头。

主席：你从哪里看出来他有永不放弃的念头？

生：你说一下话他就会提醒我们，只要一说话，他就会提醒。

主席：如果你做得不好，他会不断地提醒你来做好，对吗？

生：他是一直在提醒我们快一点把餐盘里的饭菜倒完然后回到教室。

主席：你会不会要求一个人非常完美，身上一点点缺点都没有？其实我们每一个人身上都有闪光点，但是每一个人也都会有一些缺点，我们不能因为有一点缺点而把他身上的优点都否定。是不是呀？接下来请大家对小梓的工作进行表决。同意小梓下一个学期继续担任我们班级的午餐管理员的同学请举手。31票，恭喜小梓，掌声祝贺。请三位管理员上前来，我们把最热烈的掌声同时送给三位同学（全班热烈鼓掌），请三位同学每人用一句话来表达自己现在的感受。

达达：下学期我能当午餐管理员我很开心。

云云：我为下学期能够继续担任午餐管理员感到自豪。

小梓：大家提出的建议我一定会改正的，希望大家看到我的表现。

四、会议总结

主席：通过我们对三位午餐管理员的评价，大家既看到了他们的优点，同时也发现了他们的缺点，相信他们只要努力就会让自己变得更好。最后通过大家的举手表决，三位同学下学期继续担任我们的午餐管理员。三月份开始，我们制作了minibook，大家在minibook上做了详细的记录。现在，请大家说说，你觉得班级会议给你带来了什么？说说你的想法。

生：我又学会了一个本领。

生：班级会议可以解决很多问题。

生：班级会议让我们知道什么是可以做的，什么是不可以做的。

生：班级会议让我们看到了自己的优点，也让我们发现了自己的缺点。

生：班级会议给我们带来了快乐。

生：我学会了分享。

生：我学会了更多的知识。

生：我们的安全意识提高了。

主席：班级会议让我们学会了积极思考，不少同学勇于表达自己的观点。说明我们会当"家"作主了。今天我们通过班级会议解决了班级的一个小问题，明天就可能解决一个大问题。我宣布，今天的班级会议到此结束。

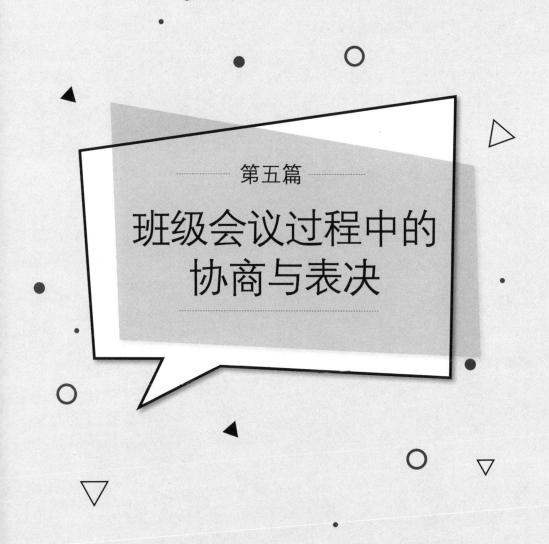

第五篇

班级会议过程中的协商与表决

❓ 我的困惑

讨论班级事务时如何对待学生不同的声音

"不好啦！不好啦！老师你快去看看，敏敏和林林吵起来了啦！"勤勤老师一听到班干部的汇报，就立马赶往教室。仔细调查之下，发现矛盾的起因是两人对于春游活动谁做小组长有不同的意见。

这个班级可是勤勤老师一手带上来的。她一向很尊重学生，给予他们充分的话语权，但是随着学生年龄的增长，他们有了更多的想法，一旦出现意见不合就很难接受。这可怎么办才好？

勤勤老师不禁又想起来另一件事——

前几天，雏鹰假日小队活动，原本幸运草小队开展的活动一直是最丰富多彩的，可是这次却出了状况。活动主题是宣传文明出行，大家在分工问题上产生了争执。

阳阳说："凭什么不让我写标语，每次都不给我机会！"

天天说："标语一直是乐乐写的，我们都已经习惯了，不要再打乱分工了！"

阳阳反驳道："为什么每次分工都要一样呢？我觉得我们可以通过调整分工，让每个人体验不同的岗位，这样不是很好吗？"

涵涵接口道："重新分工多麻烦啊，我们就照老样子，挺好的！"

望望十分赞同大多数人的意见："阳阳,你原本的张贴工作不是做得挺好的吗?就不要再去想着写标语了,你要服从大家多数的意见。"

……

小队活动结束后,队长瑞瑞把这件事跟勤勤老师进行了汇报,他没有想到因为一次小小的分工,大家的意见有了一些分歧,阳阳竟然再也不和他们一起玩了,原本非常默契的队友之间有了隔阂,他心里非常难过,想让勤勤老师给他指点迷津。

这些状况的出现让勤勤老师很矛盾,究竟应该怎样做呢?于是她再次求助冯老师。冯老师安慰她:"勤勤老师,你先别着急。静下心来思考一下,每一个人对于工作的分工都有自己的想法,大家的意见无法达成一致。那么你怎样才能在尊重学生话语权的情况下很好地解决意见不合的问题呢?其实,作为班主任老师,在这种情况下应该及时搭建沟通的平台,让学生通过讨论协商,达成共识。班级是大家的'家',这个家的建设必须要依靠每一个人的努力,唯有大家齐心协力,才能让这个家温馨而美好。"

于是,勤勤老师决定通过班级会议来解决学生们在分工问题上产生的矛盾。

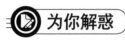

尊重学生话语权,协商沟通来解决

我们已经知道了班级会议是一个议事平台和决策平台,而议事总要产生结果,决策总要出台。那么这个结果怎么产生呢?这个决策该怎么出台呢?这就是我们在这一篇里要讨论的问题。

有些学校、有些班级往往有这样一种做法:当大家讨论后意见出现不一致时,最后往往由班主任老师当裁判,拍板决定。我们不能说这种做法完全不对,因为班主任作为经验比较丰富、思维更为成熟的成年人,看问题自然比小学生更全面、更准确。班主任的威信也比较高,他做出的决定,全班同学都愿意接受。再说,班级里的事也不可能不分大小样样都要全班讨论,日常的事务完全可以由班主任临机处理。所以由班主任做决定的办法,有一定的道理。只是要注意两点:一是要在班级同学充分讨论、认真吸取大家意见中有价值的内容的基础上做决定,而不能只是班主任一个人拍脑袋决定;二是不能事事由班主任决定,因为学生是班级的主人,他们有权参与讨论和决策,特别是班级的重大事情,需要得到全体同学的认可,因而要由全班学生自己讨论决定,即使班主任能做出正确的决定,但如果事事依赖班主任,学生的自治自理能力就得不到培养和提升。

作为班主任,要让每个人充分发表意见,这是议事决策成功的基础。要做到这一点,一方面,主持人要尊重每个与会者,充分倾听不同的意见;另一方面,与会者也要树立主人翁意识,认真参与讨论,独立思考,发表自己的见解。有时候我们会看到这样一种现象,就是讨论很顺利,意见一边倒,没什么分歧,很快就通过了。对这种状况就要进行具体分析:也许大家确实意见一致,那就不必人为去制造分歧,可以顺利通过;也许是因为与会者没有认真思考,一时提不出意见,这就要给予大家思考的时间,让大家认真思考后再充分讨论,不要匆忙得出结论;也许是有人心中实际上有意见,但看到大家都没意见,他也不好意思提出不同的意见,觉得还是"随大流"算了。面对这种情况,主持人就要鼓励与会者大胆发表不同意见,而不能说"大家都同意了,你还捣什么乱"。事实上,有时候恰恰真理掌握在少数人甚至个别人手里,只有不漏掉任何一个真知灼见,才能使结论更全面、决策更准确,也才能把每个人当家作主的积极性充分调动起来。

议事的原则有很多种,例如:主持人只能执行议事程序,不能发表意见，也不能总结别人的发言，要发言，必须授权他人临时主持，这是"主持中立原则"；发言不应被人打断，发言只能对着主持人，而不在参会者之间直接辩论，这是"面对主持原则"；每人每次发言时间有限定，对同一议题的发言不得超过两次，这是"限时限次原则"；发言不能偏离动议的议题，只有在一次议题表决之后，才能讨论另一个议题，这是"一事一议原则"。

以下原则，是我们在班级会议中要重点关注的。首先，通过"动议可行原则"我们可以在正式开会之前把会议的议题通过动议的形式呈现出来，全班同学通过了解动议的议题初步达成统一的观点：这个议题是否值得通过班级会议的形式进行讨论。这样一来就避免了把无意义的问题拿到会上来讨论，从而浪费大家时间和精力的情况。其次，"动议中心原则"要求把班级会议需要讨论的主题凸显出来，让全班学生围绕主题展开讨论，这样就避免了在开班级会议时出现偏离主题、开"无轨电车"等现象。而"主持中立原则"，更多的是为了规范主持在班级会议串联过程中的言行举止，避免主持人因个人的价值判断，在学生没有进行充分讨论的基础上就下结论，或暗示讨论的去向，只有主持人一直恪守中立的原则，才能使参加班级会议的学生发言更自由充分。在会议中，我们倡导"发言完整原则"，这是希望每一位参加班级会议的学生在表达自己观点的时候能够完整地阐述，在这个过程中，任何人都不能随意地打断发言人的发言，这样一来，发言人就有充分的时间清晰地表达自己的观点，避免了有可能因为观点表达不完整而被误解、歪曲的现象，这也是对每个发言者的尊重。同样，"限时限次、正反轮流原则"倡导每一位参加班级会议的学生都有发言权，避免一些能言善道的学生发挥自己所长从而出现一言堂的现象，进一步体现了班级会议倡导的公正和平等。倡导"文明表达原则"是希望参加班级会议的学生能做到有话好好说，这是文明素养的体现，更能使班级会议保持一种平心静气的氛围。最后的"充分辩论原则"是希望参加班级会议的学生能针对会议讨论的主题充分发表自己的观点,在充分讨论的基础上最后通过表决,产生大家认可的决议,这就体现了对表决的慎重,防止参加班级会议的学生在对动议未充分理解的情况下盲目"随大流"的选择。这些都可以在班级会议的议事中吸取和借鉴。

当然,如前所说,议事规则在实际运用中,还可以具体问题具体处理。其实,这样的协商与表决在我们的生活中处处可见。如:老小区中的单元楼要装电梯就需要召开楼组会议,会议中会产生不同的意见,但是大家可以在会议中充分发表自己的想法,若意见无法统一,就可以进行协商,以大多数人的意见为前提,综合少数人的不同意见,最后表决产生结果。又如,小区要进行道路维修改造,需要动用业主的维修基金,这时就要召开小区的业主委员会会议,收集大家的意见,进行综合评估。协商与表决使得整个会议过程不仅民主,而且高效。我们班级的小岗位竞选亦是如此。由竞争岗位的同学先发表竞选感言,再由同学们进行投票表决,但同时也要考量竞选同学是否适合该岗位,协商与表决让我们可以选出既乐于奉献又符合岗位要求的班干部。

综上所述,议事的过程如下所示。

议事过程

本篇"班会时间"展示的两个案例:一个是讲如何在会议中正确对待"唱反调"的同学,即便他所唱的"反调"完全不正确,也要尊重他发言的权利。对他的不同意见,会上其他同学可以摆事实讲道理,但一定要防止形成"围攻"的声势,要以理服人而不能以势压人。另一个是讲如何对不同的动议进行协商来解决分歧。协商的办法也是大家讲道理,最后谁的意见被大家认同了,协商就完成了。如果没有经过反复协商,轻易投票表决,虽然也能使决议通过,但难以让所有人信服,这就不利于凝心聚力做好工作了。

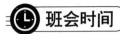 班会时间

1. 一次特别的班级推优会议
—— 班级推优:"我不同意!"

学期临近末尾,按常规又要开班级会议来进行推优了。这是一群二年级的学生,虽然他们已经知道了推优的程序是怎样的,但对于推优背后的意义,他们可能还懵懵懂懂。他们会直观地知道:推优就是全班同学推选出各方面优秀的好孩子,再由大家举手表决通过。而在这个过程中我也会认真提醒他们不要看别人怎么选,要坚持自己的意见。由于低年级的学生容易受干扰,所以每次举手表决时我都会数"一、二、三"再让大家睁眼。[①]记得一年级第一次推优的时候,有小朋友举手问:什么是推优?可爱的光光小朋友迅速反应,站起来说:"就是选老师最喜欢的孩子!"经过我的指正,他才明白:推,就是推选,要通过大家的提名,推选出最符合推优条件的同学,推优条件是公开的标准,并不是老师喜欢谁就推选谁。

二年级第一学期的这次推优,却有点不一样。每一次说起"推优",作为班主任的我大脑里第一时间闪现出的就是班上两个特别优秀的女孩悠悠和珠珠。谁要和我聊聊班级里的好学生,我真恨不得把她

---

① 由于学生在举手表决时喜欢先东张西望,看别的同学是如何做的,容易影响自己的判断。所以我会让学生闭眼,就是数"一、二、三"后让学生举手完成再睁眼,这样的结果能更加真实。

俩可爱、独特的优点一口气全说一遍……

悠悠是一位有责任心的班长。两周后班级将要值勤，她已经开始着手安排值勤岗位，来提醒我要准备选升护旗手了；"红领巾广播"要提醒宣传委员开始办起来了……全班的同学开口闭口都叫她班长，不叫她名字，叫得可起劲了。可以说，有悠悠这个班长在，我们班的各项班务都被安排得井井有条。

珠珠是位人见人爱的小姑娘，哪个同学受了委屈，她都会像小姐姐一样上前安慰，女孩子们只要把小脑袋搭在她肩上一阵，烦恼就会烟消云散；男同学只要被她拍拍肩开导一番，就不会忿忿不平了；哪个同学要和别人打起来了，她会像侠女一样，张开双臂挡在中间劝解。在我的眼里，她就是个天使。

更了不得的是她们俩的学习成绩还非常好。悠悠是全科学霸，她对待学习一丝不苟，极其严谨；珠珠呢，虽然有点大大咧咧，但她的行为习惯和学习成绩在班里都是数一数二的。

脑子里这么盘算过一遍以后，推优名单上的两人肯定能确定了。我想，作为班主任，我只要等有人直接提名，并说一句："相信大家都看到她们为班级做出的贡献"，她们必然会高票数通过，就像一年级的时候一样。

然而，在这次的推优中，这些小朋友似乎有点变了，变得有自己的想法了。

推优会开始时，有三五个孩子推举悠悠为"美丽之星"，我觉得悠悠作为"美丽之星"应该是板上钉钉的，谁知贝贝竟然提出了反对意见。我对此非常好奇——贝贝为什么要反对呢？他推了推架在鼻梁上的眼镜，脸上怪严肃的。一开口，他说："我反对选悠悠为'美丽之星'，因为她管纪律的时候非常严肃，有时候还批评同学。"

这算哪门子理由！我在心里惊叹了一下，面对他的反对，我该如何回应呢？我的第一反应是得让他理解什么是真正的"美丽"。我想,如果我直接告诉贝贝,悠悠管纪律其实是对集体尽责,这正符合"美丽之星"的评选标准就行,他肯定不会再说什么了。然而,我们的推优班会就这么简单吗?这样能对学生起到教育作用吗?我回想到,自己自从带这个班以来,每次推优或者小干部竞选,即使我对每一项荣誉名额都"心有所属",但还是根据选举要求在班级里进行民主选举。我还记得作为新教师的时候听过一位老教师说自己班级的孩子选出来的小干部和自己想的八九不离十,夸这个班的孩子"拎得清",但其实是因为每当有不合老师心意的提名时,这位老师都会反复提醒孩子们老师是怎么看待这个岗位的,或暗示孩子们目前提名的同学符合哪些条件,请大家选的时候"开动脑筋"。这样的"民主选举",真的民主吗?

还是要多听听孩子的心声,了解贝贝到底有什么潜台词;又或者悠悠真的有某些隐藏的问题是我没看到的呢?我打算步步引导,揭开真相。

"所以,你认为严肃地管纪律和批评同学就不'美丽'了,是吗?"我问道。

贝贝认真地点点头:"这样会让我觉得她有点凶。"

"你如果守纪律她就不会对你凶"不远处有一个义正辞严的声音直接回应了贝贝,是光光同学按捺不住了。

"那她对你凶过吗?能具体说说吗?"我用眼神向光光同学示意,作为发言要举手,然后继续问贝贝。

"嗯……"贝贝居然侧着脑袋认真地想了起来,"好像没怎么凶过。我就是感觉她这样不太可爱。"贝贝诚实地回应了我。

这时周围传来一阵不屑的倒彩声。贝贝尴尬地低下了头,好像犯了"众怒"。平时他的人缘就不太好,经常说一些得罪人的话,这一次,他又一次得到了同学们的否定。

"请大家安静!"我提高嗓门维持纪律。"刚才贝贝说的话大家都不太认可,然而小婉老师倒想要给他一个肯定。"此话一出,许多亮晶晶的眼睛盯着我,里面写满了问号。贝贝更是抬起头来,期待着我说下去。我看着贝贝继续说道:"虽然贝贝没有理解'美丽'的真正含义,只是停留在表面理解这个词的意思上,然而在大家都拥护一个同学的时候,他敢于发出不同的声音,使他收获了一次学习的机会。现在他不仅可以深入了解'美丽'的意思,也给我们大家创造了一次思考的机会。"贝贝用力地点点头。"所以,他的这份勇气是值得肯定的。而我们其他人也应该感谢他敢于提出不同的意见。"这时候,那些疑惑的眼神转为了认可,有些孩子也认真地点起了头。

于是越来越多的孩子勇敢地举起手来,说出了老师及多数同学认可,但还存在缺点的同学的不足之处。这时,同学们的关注点似乎有些偏离——开始找同学的缺点了,为了班级团结友善的氛围,我还是要时不时地提醒孩子们要根据评优的标准来进行讨论,并且要有事实依据;同时也让他们了解,每个人都有缺点,没有十全十美的同学,因为大家才在成长的路上刚刚起步……

"超课时"的班级会议结束了,推优名额终于尘埃落定。虽然名单里并不全是我心仪的人选,但我知道我应该给每个孩子机会,让推优成为一次激励,更成为一次很好的教育契机。

而真正让我感到欣慰的是,这样一次班级会议让学生体验到了协商与表决的过程——针对推优的人选,大家充分讨论、认真听取每一位发言者的意见,并在有价值的发言上做出决定。从那次以后,我倒真的不用再操心这样的班级会议该如何开了,因为孩子们学会了根据推优标准来选自己看好的同学,我更不用提前去想谁会榜上有名。这么做班主任倒也卸下了一个担子。

现在,这个班的孩子已经临近毕业,推优的事情早已成为班级常规。哪怕我不在场,他们一样可以在班长的组织下有序进行——有理协商,有序表决,这已经成为他们推优的习惯,即便有的同学有不同的意见,大家也会采用这样的方法解决,推优变得更加民主,也更加和谐了。

附:

班会预案设计

学校:上海市教育科学研究院附属实验小学	班级:二年级(4)班	参会人数:	应到:35人
			实到:35人
会议主题:班级推优			会议主持:解秋婉

班级会议目标:
1. 通过召开班级会议,使学生了解会议的流程,并学会遵行议事规则。
2. 明确评选"美丽之星"的评选标准,使学生学会公正地评价同学。
3. 对于会议中的不同意见,让学生学会倾听、思考和表达。

班级会议背景:

　　在小学阶段,推优是学生特别看重的班集体活动,因此尤其需要落实公平、公正、公开的原则。

　　本次班级会议是推优系列活动中的一次,主要是针对推选"美丽之星"这一议题进行班级会议。

班级会议程序:
1. 宣读议事规则。
2. 具体议程。

班级会议流程		
环节	会议内容	设计意图
宣读议事规则	1. 明确评选"美丽之星"的标准。 2. 以小组为单位,逐一提出候选人。 3. 在提名过程中,如有不同意见者,可以举手提出,并要说清反对的理由。	班级会议的有效性取决于议事规则的可操作性;低年级学生刚开始学习开会,需要培养他们对议事规则的认识,这也是班级会议的目标之一。

(续表)

班级会议流程		
环节	会议内容	设计意图
宣读议事规则	4. 就候选人举手投票,确定当选人员。 5. 就同一名候选人提意见的发言不得超过两次,不允许恶意批评候选人,必须经主席允许后才能发言。 6. 违反规则者会由小观察员进行提醒,提醒无效者取消继续参会的资格。	以小组为单位提名,可以让学生更充分地讨论,减少在全班讨论中发表意见的时间,提高讨论的效率。 尽管要让学生充分发言,但仍有时间控制与文明参与的要求,规则的制定就是为了让学生能学习守约,因此必须对违规者加以警示。
具体议程	1. 明确评选标准。 2. 组内讨论推选人员。 3. 小组代表提出推选人。 4. 针对已推选的人员提出不同意见。 5. 举手表决。	这一过程可以展示全班学生的意见和想法,大家说出自己对推优候选人的看法,可以让每个学生都有班级生活的话语权和参与感,也能让候选人看到自身存在的问题。最后通过表决,大家表明自己关于推优人选的立场,让学生感受到自己在班级里有选举权与被选举权,这也充分体现了公平、公正、公开的推优原则。

反思重建

这是二年级的班级会议。在开会过程中,我的语言表述虽然尽量贴近了学生的理解方式,对关键的环节进行了解读,但还是存在一些不足。后来在观摩了其他老师的班级会议以后,我才意识到事先的准备可以更加充分,我完全可以用到更多的道具,增加会议的生动性,让低年级学生更好地享受参与的过程。

我也发现,在班级生活中,学生会格外重视老师对其他同学的评价,也许我们平时的一句话,就成了孩子评价别人的一个标准,这容易让学生走进"师云亦云"的误区。同时,我也意识到要在班级里建立话语平台,让学生勇敢表达自己的心声,学会较为全面地评价自己的伙伴,满足学生对公正、公平、公开原则的期待。我觉得这样的会议模式非常值得推广,应一直开展下去。

会议现场实录[1]

一、宣读议事规则

主席：二年级第一学期即将临近尾声。在这个学期里，大家在不同的课程与各类活动中展现出自己各方面的才能，有一些小朋友表现得非常出彩，也有一些小朋友有了明显的进步。大家应该还记得一年级时每个学期结束我们都会评选出这一学期表现最突出的小朋友获得"美丽之星"的称号。这学期我们依旧要评选。今天，我们将以班级会议的形式来展开评选。我来宣读一下会议的议程。

第一，明确评选"美丽之星"的标准，以小组为单位进行讨论，你们认为哪些人有资格当选，也可以自荐，就是自己推荐自己。

第二，以小组为单位，逐一提出候选人，可以超过一名。老师会在黑板上记录下候选人的名字。前一个小组提过的小朋友，后面的小组无需重复提名。

第三，为保证让所有小朋友更全面地了解候选人的情况，在提名过程中，如果有的小朋友有不同的意见，可以举手提出，并要说清反对的理由。

第四，全班小朋友对候选人进行举手投票，确定当选人员。举手时不要看别人，请坚定自己的选择。

第五，每位小朋友就同一名候选人提意见的发言不得超过两次，不允许恶意批评候选人，必须经主席允许才能发言。违反规则的小朋友会由小观察员进行提醒，如果提醒无效，就取消他继续参会的资格。

---

[1] 执教教师为现同济大学附属实验小学解秋婉。

二、具体议程

1. 明确评选标准

主席：有没有小朋友愿意读一读"美丽之星"的评选标准给大家听？

生：关心集体和他人，帮助集体和他人，积极参加各种募捐活动，尽其所能奉献爱心。

2. 组内讨论推选人员

主席：谢谢小丁同学的朗读。请小朋友们四人小组讨论一下，你第一个想到的是谁？你最想推选谁？给大家1分钟的时间。

3. 小组代表提出推选人

主席：时间到。有没有哪个小组讨论出了推选人？请小组代表起来发言。

生：主席，我们小组想推选小雨和悠悠。因为她们都非常热心。小雨喜欢帮助同学，悠悠作为我们的班长，她对班级的事情非常负责任。

主席：你们说的理由真不错，是紧紧围绕着评选标准来说的。还有其他要推荐人员的小组吗？

生：主席，我们小组也想推选悠悠，还有橙橙。

主席：刚才那一小组已经推选了悠悠，她的名字已经在黑板上了，就不需要重复推选。后面的小组请注意，其他小组已经推荐过的同学就不用再说一次了哦。

生：那我们小组就补充推荐橙橙。我们觉得她也很"美丽"。

主席：美丽的意思是？

生：就是热情大方。

主席：好的。其他小组还有没有什么补充意见？

生：老师，我不同意选悠悠。

主席：如果对某位候选人有反对意见，请在下一个环节提出。现在是补充提名的时候哦。

生：那好吧，我等一下再说。

生：老师，我还想推荐我自己。

主席：你在小组里提过吗？

生：提过的，他们都没有反对我的意见。

主席：好的。还有其他人吗？如果没有了，我们可以个别发言提一提反对意见。

生：老师，我同意选悠悠当"美丽之星"，我们小组都同意，没有反对意见。

生：老师，我也同意选悠悠，她做事认真负责，班级里的事情她提前都能想到来提醒大家去做，我们都想不到呢！

主席：是的，悠悠是很不错，但我们还是要有提反对意见和举手表决的过程。

4. 针对已推选的人员提出不同意见

主席：有没有小朋友反对小雨、悠悠、橙橙或梦梦作为"美丽之星"候选人的？

生：老师，我反对！

主席：你反对谁呢？为什么？

生：我反对选悠悠当"美丽之星"，因为她管纪律的时候非常严肃，有时候还批评同学。

主席：嗯……所以，你认为严肃地管纪律和批评同学就不"美丽"了，是吗？

生：这样会让我觉得她有点凶。

生：你如果守纪律她就不会对你凶！

观察员：请光光同学不要随便打断别人的话，第一次提醒，我已经记录了。

主席：谢谢观察员。请贝贝告诉我们，她对你凶过吗？能具体说说吗？

生：嗯……好像没怎么凶过。我就是感觉她这样不太可爱。

主席：请大家安静！刚才贝贝说的话大家都不太认可，然而小婉老师倒想要给他一个肯定。虽然贝贝没有理解"美丽"的真正含义，只是停留在表面理解这个词的意思上，然而在大家都拥护一个同学的时候，他敢于发出不同的声音，使他收获了一次学习的机会。现在他不仅深入了解"美丽"的意思，也给我们大家创造了一次思考的机会。所以，他的这份勇气是值得肯定的。而我们其他人也应该感谢他敢于提出不同的意见。

5. 举手表决

主席：大家还有什么意见吗？如果没有，我们就"美丽之星"的推选人进行表决。请大家闭上眼睛，听我再说一遍，美丽之星的候选人有：小雨、悠悠、橙橙和梦梦。想选小雨的请举手；共23人。想选悠悠的请举手；共30人。想选橙橙的请举手；共22人。想选梦梦的请举手；共5人。那么悠悠就是我们这一学期的"美丽之星"。我们鼓掌祝贺她吧！我们也要把掌声送给勇敢提出反对意见的贝贝。小婉老师特别高兴，通过这次的班级会议，我们尝试并勇敢地提出了不少反对意见。老师也要告诉那些被提反对意见的同学们：同学的反对意见是你们成长中宝贵的财富，正因为有这些同学告诉你们哪里不足，你们才会更快地进步。

悠悠：是的，今天贝贝这么一说，我也觉得自己还要对同学们更友善一点，所以我是感谢他的。

主席：悠悠这么说让老师感到非常欣慰。我想，无论她今天有没有选上"美丽之星"，成长的收获都比这份荣誉更有价值，你们说是吗？对于今天落选的同学，小婉老师也希望大家看到有人在默默地支持着你，这份爱的鼓励也很珍贵。与此同时，你们也看到了自己有待进步的地方，老师为你们加油。最后，感谢记录员小然和观察员悠悠在本次会议中为大家服务！也感谢每一位热情参与推选的小朋友，把班级的事情如此放在心上。今天的班级会议到此结束。

班会时间

2. 协商使十分钟队会更精彩
——完善十分钟队会人员产生方式：十分钟队会，十分用心

我校的十分钟队会是学生进行自我教育的最佳平台，同学们在活动中学规范、学交往、学合作、学做人。一次次精彩的学生自编、自创、自导的十分钟队会能够让学生从内心深处积极参与体验，用心感知，在活动中丰富体验、深化道德情感，内化行为规范。在一、二年级的时候，十分钟队会是由高年级的小辅导员带领大家来开展的，学生初次

接触十分钟队会,热情高涨,参与度很高;到了三年级,学生尝试自行开展主持、美化和设计等工作,刚开始时他们还觉得比较有新鲜感,兴趣也很高涨,但到了四年级,十分钟队会质量参差不齐,有的学生擅长主持,就一直被分派在主持的岗位上,其他学生得不到应有的锻炼;有的学生对于自己感兴趣的话题参与度很高,对于自己不感兴趣的话题就不太愿意加入其中。我发现,同学们没有像以前那样喜欢十分钟队会了。

怎样才能使十分钟队会像以前一样精彩呢?我想,少先队员是队会的主人,还是应当好好地和同学们一起协商。协商的第一步是对十分钟队会提意见。为此,我让大家匿名在纸上写一写目前对班级中十分钟队会不满意的地方,之所以匿名,就是为了让大家畅所欲言,不必有所顾忌。

在回收上来的纸条上同学们表达了他们各自的想法。

有的同学认为目前的十分钟队会缺乏新意,有些主题很老套,觉得很没意思,如果主题更新颖一些就更好了。

有的同学认为主持人不应当总是那几个擅长主持的同学,他也很想试试,锻炼锻炼自己,可总是没机会。

有的同学写道,自己经常担任十分钟队会的主持工作,可能因为大家觉得自己能说会道就总是把主持的任务分派给他,其实他也很想试试其他工作,如美化环境等。

还有的同学写道:他想在开队会时和自己要好的同学分在一个组,因为他觉得关系好的人比较聊得来,对彼此也很了解,这样开展会更有效率。

……

看来,大家对十分钟队会的意见还不少,要一下子全部解决也有困难,还是先易后难吧!先对意见最集中的问题展开协商,靠大家的智慧来解决。于是我提议召开一次关于协商十分钟队会工作人员组成方式的班级会议。同学们都同意了。

一周后，班级会议如期举行，经班委会决定，这次班级会议由我主持。首先，我先分别介绍了"记录员"和"观察员"的职责，前者负责记录会议的内容，后者负责计时和提醒发言次数；之后，我宣布了会议的规则，每项议题每人只能发言两次，每次发言时间不超过两分钟。还有，当一个动议提出后，大家只能针对这一动议进行讨论，如果这个动议赞成票超过总人数的三分之二，那么就算通过，如果没有通过，则可以提出新的动议。

所有在座同学全部举手表示同意。

于是我陈述了本次班级会议的背景："目前我们十分钟队会的现状和学校所倡导的'人人参与的十分钟队会'的效果存在差距，通过前期的调查，大多数学生认为需要完善一下目前十分钟队会工作人员的产生方式，所以今天召开班级会议要协商的就是如何进一步完善现有的十分钟队会人员的产生方式。"

小冷同学提出第一条动议：十分钟队会三人小组可以根据学号分组而产生，分别负责主持、美化和设计。

该动议提出之后，有近10位同学附议。但也有同学不同意，理由是：按学号排列，长此以往会觉得没有新鲜感；而且学号基本都是男生在前，女生在后，如果按照这个分组方式，男生就会一直被分配在一起，女生也会一直被分配在一起，这样不利于男女生之间的协作。

赞同这条动议的同学则认为：按学号分组比较公平，全班同学都能参与其中从而得到锻炼，体现了人人参与的原则。

在对第一条动议争论不下的情况下，又有几位同学提出了动议，其中，小王同学提出了按自由组合的方式分组的动议。这个动议获得10位同学附议，他们的理由是：好朋友之间有默契，合作起来效率更高。

可有些同学提出了异议：这样做会让有些同学的自信心受到伤害，

也不能较好地让他们得到锻炼,这样他们会变得越来越没有参与的热情。

这几条动议各有各的道理,协商了好一会儿还是谁也说服不了谁。

通过本次的班级会议,我发现班中的同学都能积极参与进来,为班级事务献计献策。在这次班级会议中,全班同学就十分钟队会人员的产生方式展开讨论,尽管最后没有得出结果,但大家都非常积极。之后我们会继续用协商的办法,讨论每周十分钟队会的主题选择、内容安排以及参与十分钟队会时要遵守的文明公约等。相信我们班的十分钟队会在大家的集思广益中会开展得越来越精彩。

附:

班会预案设计

学校:上海市普陀区华阴小学	班级:五年级(4)班	参会人数:	应到:31人
			实到:31人
会议主题:完善十分钟队会人员产生方式		会议主持:尹洁	
班级会议目标: 1. 通过班级会议,培养学生能大胆发表自己的观点,营造开放、民主、和谐的班级氛围。 2. 在讨论中,使学生养成认真倾听、积极思考的习惯。 3. 通过班级会议,完善十分钟队会人员的产生方式。			

班级会议背景:
  班级是学生的家,家中的每一项活动都是一个给予他们更多展示自己能力的舞台。集体生活中的班队活动通过午会、队会,以及教室中的环境布置等进一步让学生明确活动主旨,培养学生当家作主的小主人翁意识,通过多途径多元化的方式对学生进行全方位的指导和教育。
  十分钟队会就是学生进行自我教育的最佳载体。学生在一、二年级时由高年级小辅导员带领大家一同参与。由于此时的他们刚接触这一活动形式,所以他们的兴致很高。三年级的学生可以自行开展活动,效果也不错。但是在四年级时,在人员分配上出现了一些问题。有些同学一直在自己擅长的岗位上,有些同学参与活动的热情消减,有些同学甚至不再参与。与之前倡导的"人人参与"的精神背道而驰。因此,我班召开了班级会议,就如何进一步完善现有的十分钟队会三人小组的产生方式进行讨论。			

(续表)

班级会议程序：
1. 宣布会议规则。
2. 主席介绍会议背景。
3. 提出动议并表决。

班级会议流程		
环 节	会 议 内 容	设 计 意 图
宣布会议规则	1. 介绍会议的基本人员。 2. 会议主席核对人数。 3. 宣布规则。 （1）每项议题每人只能发言两次，每次发言时间不要超过两分钟。 （2）当一个动议提出后，大家只能针对这项动议展开讨论。如果这项动议的赞成票超过总人数的三分之二，则此项动议通过。如果没有通过，则可以提出新的动议。	让学生明确此次班级会议中担任各职务的人员和职责，再次明确会议的基本流程，提醒学生遵守会议规则。规定时间，确保有更多的人能参与讨论，提高讨论的有效性，也让会议的开展显得更为正式，并得以顺利进行。
主席介绍会议背景	1. 原本对于十分钟队会的参与性很高，但是，目前的积极性明显下降。 2. 有同学反映在目前十分钟队会中人员分配上存在问题。 3. 十分钟队会是人人参与的队会，是所有学生的舞台，因此有必要讨论人员产生的方式。	十分钟队会是为每一位学生搭建展示自我的舞台，但学生参与活动的积极性在明显下降，这样的状况值得深思。深究其原因，人员分配成为了最大的问题。哪一种分配方式才是最合理的，哪一种分配方式才能让我们的十分钟队会恢复起初的活力，由此，召开本次班级会议。
提出动议并表决	动议一：十分钟队会三人小组（主持、美化和设计）按学号顺序进行分组，轮流负责十分钟队会。	

(续表)

\multicolumn{3}{c}{班级会议流程}		
环　节	会 议 内 容	设 计 意 图
提出动议并表决	动议二：可以先进行班内人气排名，再按照人气的排名依次分组，组成十分钟队会三人小组。 动议三：可以根据单双数学号的顺序来进行分组。 动议四：可以星期一、星期三以自由组合的方式来产生十分钟队会三人小组；星期二、星期四以学号组合的方式来产生十分钟队会三人小组。如有重复可调换人员。 动议五：可以按照生日的顺序进行分组，同月份、同星座的同学比较有默契。 动议六：可以自由组合、自由搭配组成十分钟队会三人小组。	班中学生对于十分钟队会人员的产生提出了很多建议，有些是以自己周围同学参与的情况为参考，有些是自己的亲身感受，还有些则是从他人受挫的个案中发现问题。大家各抒己见，勇敢地表达了自己的想法。我发现学生的民主意识有了很大的提升，动议的出发点都是围绕着提升队会的质量来提出的，并且能说出可操作的方案。可见，当学生真正成为班级的主人，他们就会十分关注自己身边的每一件事，十分钟队会中人员产生的方式恰恰是学生思考并迫切希望改善的内容，因此取得了很好的效果。
\multicolumn{3}{c}{反 思 重 建}		

通过会后的反思，我也发现了不少问题。第一，学生虽然做到了一事一议，但是在讨论的过程中有不少观点都是重复的，在发言的过程中也只重视自己的观点，没有认真去倾听他人的观点。第二，新动议的提出与之前的动议有所重复，但是在座的许多同学没有意识到，而作为主席的我只能保持中立的原则，遇到这样的问题怎么办？作为班级会议中的主席需要保持中立，不能给予学生引导，但是作为班主任则可以给予学生正确的引导。要让班级会议成为班主任的一种教育资源而不是一种走过场的"作秀"，这就要求我们采取不同的会议形式，或者利用最后的十五分钟总结刚才班级会议过程中的问题，及时总结并反思。这样，班主任才能在培养学生民主意识的前提下，同时给予学生正确的引导。

会议现场实录[1]

一、宣布会议规则

1. 宣布会议的基本人员

主席：同学们，今天我们又要来召开班级会议了。本次会议由我担任主席主持会议；由小徐同学担任记录员，负责记录会议的内容；由余浩同学担任观察员，负责计时和提醒发言次数。大家同意吗？

生：同意。

2. 会议主席核对人数

主席：本次会议应到31人，实到31人。无人缺席

3. 宣布规则

主席：经过前几次的班级会议，我们已经知道了班级会议是讨论班级公共事务、解决班级问题的一个平台。大家都是班级的小主人，所以希望大家积极发言，大胆表达自己的观点，为班级献计献策。但是在会议过程中也请大家遵守议事规则。特别要注意，每项议题每人只能发言两次，每次发言时间不超过两分钟。还有，当一个动议提出后，大家只能针对这一动议进行讨论，如果这个动议赞成票超过总人数的三分之二，那么就算通过，如果没有通过，则可以提出新的动议。大家清楚了吗？

生：清楚了。

二、主席介绍会议背景

主席：下面我们正式开始班级会议。前段时间，我让大家写一写关于十分钟队会的意见，有的同学说：在一、二年级的时候，十分钟队会是

---

[1] 执教教师为上海市普陀区华阴小学尹洁。

由高年级的小辅导员带领大家来开展的，大家的参与度很高；到了三年级，大家自行开展主持、美化和设计等工作，比较有新鲜感；但到了本学期，大家参与的积极性不是很高。还有学生反应有的同学擅长主持，就一直被分派在主持的岗位上，使得组内的其他学生得不到应有的锻炼；有的学生对于感兴趣的话题参与度很高，而对于不太感兴趣的话题则不太愿意参与其中……十分钟队会是人人参与的队会，是所有学生的舞台。大家在纸条上说大家觉得对于十分钟队会三人小组的产生方式还需要进一步完善。所以，我们今天就召开班级会议，一起来讨论如何进一步完善十分钟队会三人小组产生的方式。

三、提出动议并表决

主席：首先请小冷同学提出动议。

生：主席，我要提出一个动议，十分钟队会三人小组产生可以根据学号产生，分别负责主持、美化和设计。这样，可以让每位同学都享受到组织十分钟队会的乐趣。

主席：同学们，小冷同学的动议听清楚了吗？

生：听清楚了。

主席：那我们就这个动议进行讨论。

生：主席，我反对这个动议。按学号进行分组，那万一有的同学分到他不擅长的工作该怎么办呢？那还是不能提升十分钟队会的质量啊！

主席：还有其他同学发表意见吗？

生：主席，我反对上一位同学的动议。十分钟队会的质量不仅取决于三人小组，而且取决于大家的积极性。按照学号进行分组的这个办法我觉得很好，能让每位同学都得到锻炼的机会。

生：主席，我反对上一位同学的动议。按照学号分组，同学之间还需要磨合，大家需要时间来培养默契度。

生：主席，我反对上一位同学的动议。我认为大家会发扬合作精神，大家互帮互助、互补短板，正好可以利用这次机会培养同学之间的默契。

生：主席，我反对上一位同学的动议。我认为提高十分钟队会的质量需要大家的默契度，按学号进行分组不能最大限度地提升十分钟队会的质量。

生：主席，我反对上一位同学的动议。我们班的学号1—20号都是男生，21—31号都是女生，男生在前，女生在后，如果按照这个分组方式，男生和男生就会一直分配在一起，女生和女生也会一直被分配在一起，这样不利于男女生之间的协作。

生：主席，我反对上一位同学的动议。按学号分组比较公平，全班同学都能参与其中从而得到锻炼，体现了人人参与的原则。

生：主席，我反对上一位同学的动议。我认为按照学号分组可以和新同学擦出新的合作火花，合作时可能会有不一样的想法，可以从中学习别人好的地方。

主席：那我们对此条动议进行表决。赞成"十分钟队会三人小组根据学号的产生，分别负责主持、美化和设计"这条动议的同学请举手，一共有10人；不赞成此条动议的同学请举手，一共有21人，此条动议不通过。请下一位同学提出新的动议。

生：主席，我要提出新的动议。我们可以先进行班内人气排名，再按照人气的排名依次分组，组成十分钟队会三人小组。这样有利于提升我们班十分钟队会的质量。

主席：那我们就对此条动议进行讨论。

生：主席，我反对上一位同学的动议。这条动议不利于人气低的同学，还是没有起到提升十分钟队会质量的作用。

生：主席，我反对上一位同学的动议。我认为按照人气高低排名可能有助于提升十分钟队会的质量。只有队员们精心准备十分钟队会的内容，才能让同学们耳目一新，从而获得高人气，精彩的内容不正是提升十分钟队会质量的关键吗？

生：主席，我反对上一位同学的动议。如果人气高的几名同学排名居高不下，那三人小组的搭配会保持不变，就会产生固定搭配的现象，没有新鲜感。还有，按人气排名不就等于强强联手嘛，那其他同学的积极性一定会受到打击。

生：主席，我反对上一位同学的动议。我认为排名居高不下的情况只是个别现象，如果你的十分钟队会的内容比高人气同学的更加精彩，你的排名势必会超过他，这不是问题。

主席：现在我们对此条动议进行表决。同意此条动议的同学请举手，共9人，反对此条动议的同学共22人，反对人数超过总人数的三分之二，此条动议不通过。请下一位同学提出新的动议。

生：主席，我要提出新的动议。我们可以根据单双数学号的顺序来进行分组。

生：主席，我反对上一位同学的动议。我觉得这样效率太低，而且固定分组会没有新鲜感。

生：主席，我反对上一位同学的动议。十分钟队会的新鲜感是靠队会的内容，而不是靠人员的搭配，十分钟队会的内容是一直在变化的。

生：主席，我反对上一位同学的动议。按单数学号、双数学号固定的三人小组不利于产生新的搭配和新的组合，说不定新的组合会有新的惊喜呢？

主席：那我们对此条动议进行表决。同意此条动议的同学请举手，共5人，反对此条动议的同学共26人，反对人数超过总人数的三分之二，此条动议不通过。请下一位同学提出新的动议。

生：主席，我要提出新的动议。我们可以星期一、星期三以自由组合的方式来产生十分钟队会三人小组；星期二、星期四以学号组合的方式来产生十分钟队会三人小组。如有重复可调换人员。

生：主席，我反对上一位同学的动议。按照这个动议进行操作，我认为太麻烦了，不一定每一位同学都记得住。

生：主席，我同意这个动议。星期一、星期三按照自由组合的方式，大家可以找自己愿意合作的同学搭档，默契度有保证；星期二、星期四按照学号组合的方式可以保证每个小朋友都有机会参与到主持、美化和设计的工作中去。

生：主席，我反对上一位同学的动议。自由组合和按学号分组中的人员可能会有重复。

生：主席，我同意这个动议。刚才提出动议的同学也说了，如有重复，可调换人员。

主席：现在我们对此条动议进行表决。同意此条动议的同学请举手，共6人，反对此条动议的同学共25人，反对人数超过总人数的三分之二，此条动议不通过。请下一位同学提出新的动议。

生：主席，我要提出新的动议。可以按照生日的顺序进行分组，同月份、同星座的同学比较有默契。

生：主席，我反对上一位同学的动议。这样做太麻烦，还需要调查每一个人的生日，而生日是永远不变的，那不是又变成了固定不变的搭配了吗？

主席：现在我们对此条动议进行表决。同意此条动议的同学请举手,共2人,反对此条动议的同学共29人,反对人数超过总人数的三分之二,此条动议不通过。请下一位同学提出新的动议。

生:主席,我们可以自由组合、自由搭配组成十分钟队会三人小组。

生:主席,我反对上一位同学的动议。这样的话如果有的同学没能搭配成功,就会让他们的自尊心受到伤害,也不能较好地得到锻炼,会变得越来越没有参与的热情。

生:主席,我同意这个动议。我们已经在一起学习四年了,我们是一个集体,我相信如果有的同学没有搭配成功,其他小组的同学也会很欢迎他的。

生:主席,我反对上一位同学的动议。你不能保证这种情况一定不会出现。

主席:那我们对此条动议进行表决。同意此条动议的同学请举手,共14人,反对此条动议的同学共17人,此条动议不通过。

通过本次的班级会议,我发现班中的同学们都能积极参与进来,为班级事务献计献策。在这次班级会议中,全班同学就十分钟队会人员的产生方式展开讨论,尽管最后没有得出结果,但大家都非常积极。我想,在接下去的班级会议中,我们还要继续想出一个更好的、更适合班级现状的十分钟队会三人小组的产生方式。

第六篇

班级会议的执行与监督

❓ 我的困惑

选上的班干部不履职怎么办

今天勤勤老师收到了一封信,信是由班级部分同学联合写的,主要是说这次竞选上去的劳动委员杰杰不作为,比如大家劳动时,他一人在旁边做作业。勤勤老师回忆起当时选举班干部的情形,大家对于杰杰平时的表现都非常认可,所以他作为得票数最高的同学竞选成功。可是,现在事情怎么会发展成这样呢?

看来,选好班干部只是第一步,后面还要有相应的监督机制才行呀!不然,班干部是选好了,但是不作为,就会辜负老师和同学们的期望。勤勤老师想着和办公室的老师们交流一下:班干部到底应该怎样进行考评呢?她想听听大家的想法。没想到大家一听到班干部要考评,都纷纷开始表达自己的看法了。

张老师:"班干部要啥考评,本来选出来的就是优秀的孩子,难道我们不信任他们?"

林老师接着说:"我们班主任平时工作那么多,我根本来不及做,再找时间考评,那我不要上课了?"

勤勤老师疑惑地说:"那如果你们选上的班干部不作为,怎么办?"

有的老师立马接上:"什么不作为啊,班干部本来就是要改选的,不作为下次就不选他了,很简单的事情。"

听到这儿,勤勤老师的心里咯噔了一下——等到下次再选,那遇到像杰杰这样的问题就不处理了吗?这也不是办法呀。况且万一下一任也是这样呢?这样想着,她心里更不踏实了⋯⋯

听了大家的交流,冯老师分享了自己的观点:"老师们,我倒是认为我们在让选举公平公正的同时,还要关注到后续的评价,这可是马虎不得的。只有执行和监督齐头并进,才能真正把班级的事情做好、做实。"

听了冯老师的话,勤勤老师决定开一次班级会议讨论如何对班干部进行考评。

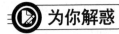为你解惑

执行平台和监督平台双管齐下

开会是为了解决问题。班级会议通过的决议,只是指明了工作的方向和解决问题的措施,并不等于问题已经得到了解决。要解决问题,关键还在于贯彻落实会上的决议,并在落实中检验决议的正确性与合理性。如在实施过程中发现决议有不妥之处,就要提请下次班级会议讨论修改,使之完善。可见,开完班级会议不意味着就结束了,而只是走完了解决问题的第一步。会后还有两大任务要完成:一是会议决议的贯彻落实,二是在实践中检验决议的正确性与合理性,并为下次班级会议准备新的议题,体现班级会议的连续性和班务工作的可持续发展。

由于会议决议只是指明工作的方向和解决问题的措施,并不能预测贯彻落实中遇到的所有问题,那么在实施过程中,遇到一些会上未预测到的问题时应该由谁来解决呢?一种办法是通过再开班级会议的方式来解决,但这样会使班级会议召开的次数过于频繁,使其失去严肃性、庄

重性，因而在实际操作中一般不可行，除非遇到的是非常重要的、一定要经过班级会议讨论才能解决的问题。在这种特殊情况下，可以召开临时班级会议来讨论解决。一般情况下，不宜动辄就把全班学生召集起来开会，而是应该交给会议决议的"执行机构"来解决。这个"执行机构"也就是班级会议的"常务机构"，通常由班主任和班级委员会组成。这两者是缺一不可的。只有班主任，没有班级委员会，会变成班主任包办一切，这与班级会议作为学生自治平台的性质不符。只有班级委员会，没有班主任，班级事务决定的结果会由于学生年纪小、考虑问题还不完备而发生偏差。因此，班级会议的常设平台，应是在班主任指导下的班级委员会，主要负责处理日常班级事务。

班级委员会作为班级会议的执行平台，要根据班级会议的决议，在班级委员会成员中进行分工，每个成员负责一项或几项具体工作，要做到人人有事做，事事有人管。班级委员会的成员，为了更好地集中众人的智慧做好工作，也可根据工作需要，设若干干事作为助手，如宣传委员，可设板报干事、文娱干事等。这些委员和干事就组成了班务工作的职能部门。各职能部门分工既要合理、明确，又要注意相互协作。这样，班级会议的"执行机构"才能正常运转。

班级委员会的成员需要有一定的任期。任期太短，难以发挥委员的工作潜力，也难以摸索规律，积累经验，这对做好工作和成员能力的成长都不利；任期过长，会使少数人长期担任班干部的职位，形成优越感，而使多数人得不到锻炼的机会。班级委员会中的成员是小学生，正是在学习如何做好班级小主人、锻炼自己自理自治能力的阶段，更应该尽可能多地让学生都能有这样一种学习的经历。为此，班干部轮换是一种重要的机制，每一任班干部的任期可根据班级实际需要确定，一般可以一学期轮换一次，也可以半学期轮换一次。

贯彻落实班级会议决议，不只是班级委员会的责任，也是全班学生的共同责任。班级会议决议落实得好不好关系到班中每位同学的成长，每位同学以班级利益为重,荣辱与共。因此每位同学都要关注班会决议执行的情况,具体来说,就要做到以下两点:一是主动积极地参与班级工作,为落实班级决议做力所能及的事;二是主动积极地监督班委会的工作,对班干部的工作进行评议,并提出改进的建议。

为了让全班同学都能参与到班级决议的贯彻和对班务工作的监督中,就需要为同学们提供合适的执行平台和监督平台。一些优秀的班主任在这方面积累了不少经验。在执行平台方面,主要是设立各个服务小岗位,让每位学生都担任一个岗位的职责;在监督平台方面,主要是设立干部评议机制和班级评价机制。干部评议机制就是班级委员会每个成员都要向全班同学汇报工作,接受全体学生的评议,这样的评议一般可在班级委员会任期内进行两次,第一次为中期评议,第二次为换届评议。评价机制可通过开设"心情语报箱"或班级网站等话语平台,让大家随时发表感言,表达意见和建议。班主任要及时掌握舆论的动向并注意正确引导,使班级形成正向的集体导向——好人好事有人夸,错误言行有人批,推动班级形成团结向上的好风尚。

根据以上对班级会议会上、会后任务的分析,可以形成以下流程。

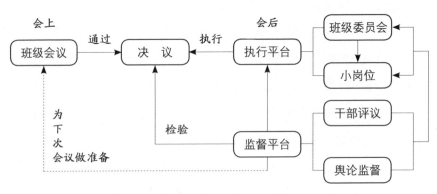

班级会议会上会后任务分配流程

从这个流程图中我们可以看出:会上的任务就是经过讨论最后通过决议;会后的任务主要是对决议的执行和检查。执行的职责由执行平台担当,执行平台主要由作为班级会议闭幕期间的常务机构——班级委员会负责,同时又通过小岗位的设立让全班同学投入到决议的执行中,而班委需要对各小岗位进行组织和检查。检验的职责由监督平台担当,监督平台主要由干部评议和舆论监督两个途径完成,监督的内容是班级委员会及各小岗位是否按照决议的要求开展工作;同时,在监督过程中也能检验决议是否正确,是否需要完善。通过执行和监督,把进展情况作为新一次班级会议的议题,再产生新的决议,形成"会上—会后—会上"循环往复的机制,不断推进班集体建设的有序发展,并提升学生的自治能力。

本篇"班会时间"展示的两个案例:一个是讲班级会议通过决议后该如何贯彻执行,如何建立监督评议机制以保证落实决议的质量;另一个是讲班干部在会上通过竞选上岗,会后经过一段时间的工作,需要向班级会议作述职汇报,听取全班同学的评议。在这两个案例中,我们都可以看到执行和监督之间的辩证关系:会上通过决议为会后的执行决议、解决问题指明方向;会后的执行又使会上通过的决议得到落实;会后的监督既是决议落实的保障,同时又能为下一次会议作铺垫。把握了这样的关系,班级会议就能形成前后衔接的系列,是有计划的循序渐进,而不是碎片化的零打碎敲。假以时日,我相信民主、平等、和谐的班级文化就能逐步形成。

班会时间

1. "小岗位"班级会议的会上与会后
——完善班级小岗位:执行监督双管齐下促成效

班级管理中的小岗位设置,不仅有助于培养学生的责任意识,同时能增强学生的自信和自我管理能力。因此,我们通过一系列的班级会议,产生了24个班级小岗位,并且把这些小岗位进行分类,组成不同的部门。为了更好地调动同学们的积极性，我让大家进行自主竞聘，学生根据自己的愿望，选择感兴趣的岗位，使他们对待班级事务从"要我做"变为"我要做"。在这其中，我深刻地体会到要想让学生将一份任务内化为自己的责任，执行和监督机制是必不可少的。

以岗位检查制度作为监督平台

为了保证岗位职责的落实，首先，我们制定了"班级小岗位的评价标准和检查制度"。当各部门负责人发现问题或工作不到位的情况时，他们都会事先提醒，如果提醒无效，就会把这些问题记录下来。当然，记录不是目的，惩罚更不是目的，帮助学生养成良好的习惯和加强责任意识才是我们真正的育人目的。

其次，各个部门会定期召开培训会议，会议的内容包括指导方法、交流经验、分析问题、共同商讨解决的方案等。

再次，在岗位实践中，学生在履行自己职责的同时也会得到一些精神奖励，如："积分奖励"——积累到一定分值能兑换某个实际的奖赏，比如一本书或"小老师券""小助手券""奖章翻倍券"等，通过这些书或奖券来激发学生的积极性，让学生的责任意识得到进一步的提高。

除此之外，班主任对岗位服务的指导也很重要。我会适时引导学生进行思考和创新，使原本有些乏味的岗位工作变得丰富和生动起来。例如：班级图书管理员认为每天负责书籍借阅登记工作很机械，我就启发他们是不是可以给图书编个号？能否把值得一读的好书介绍给其他同学？能否把同学们借阅最多的几本书做一个排行榜……小管理员照着做了，班级图书馆更受大家欢迎了。

以岗位述职评议推进班级会议

如果说，岗位竞聘和岗位服务的实践与检查是对班级会议决议的执行，那么执行的结果如何，就需要再回到班级会议上请大家来评议。于是，会后的工作又转化为开新的班级会议的内容，主题是让每个岗位服务员述职，接受全班的评议。通过多元评议，学生学会更全面、更客观地评价自己和同学的岗位工作，使得同学们获得更丰富的岗位实践体验和成就感。

在一次小岗位述职评议会上，班里的"粉笔盒管理员"这样说："这学期，我担任了粉笔盒管理员的职位。虽然管理粉笔盒是一件小事，但是我认为，无论大事小事，都需要有人去做，每一件小事也都应该被认真对待，这样才能做好其他事。同时，整理好粉笔盒也是为班级服务，为大家服务，这是一件让我开心的事。"

"文明小使者"说："我觉得，人们通常都不愿意接受别人指出自己的缺点。"文明小使者"这个岗位要求我既要指出他们的缺点，又不能让同学不开心，同时还要让他们能接受我的提醒，是比较困难的，这让我很伤脑筋。但是，既然我担任了这个职位，我就要全心全意地把工作做好。这学期我的工作有不足的地方，下学期我会更加努力地去改，和大家一起进步，一起变成更文明的人。"

劳动委员说："本学期我最大的收获就是体会到了管理班级的辛苦和劳累，在管理大家的同时也提升了自己。虽然付出了辛苦，但看到在整个班级的进步中也有我的一点点功劳，是很开心的事情。"

"这学期，我的小岗位是'美化小能手'，主要负责美化黑板报。我觉得在这个岗位我还需要继续努力，因为每次都是宣传委员帮助我一起贴的。我觉得下学期，我应该多多向宣传委员请教怎么把黑板报贴得好看。我还会在网上查一些好看的版式，然后问一问大家对黑板报有什么好的建议，也希望大家可以主动将办黑板报的意见反馈给我。我希望下学期我能做得更好。"

……

听到孩子们一句句发自肺腑的话，我感到他们真的长大了！只有对班干部进行考评并监督到位，班干部们的履职才会更有实效。他们不仅在各自的岗位上找到了展现自身价值的舞台，提高了自我管理的能力，同时也明白了个人对于集体的重要性。

苏霍姆林斯基曾经说过："真正的教育是学生的自我教育。"班级会议实现了这一点：首先，让学生从自己的学习生活中找到议题，召开班级会议，在会上通过决议，在会后通过岗位竞聘来落实决议，通过建立检查制度来监督贯彻决议的状况；然后，从会后的状态回到会上的状态，通过开一次以"述职评议"为主题的班级会议来总结成果，推进发展。这样，就形成了"会上—会后—会上"循环往复的机制，不断提高学生的主人翁意识和自治能力。

班会预案设计

学校：上海市徐汇区光启小学	班级：三年级(2)班	参会人数：	应到：32人
			实到：32人
会议主题：完善班级小岗位		会议主持：吴婷	
班级会议目标： 1. 讨论设立班级岗位，明确岗位职责。 2. 让学生学会主动表达自己的观点。 3. 通过民主讨论，使学生学会从集体的共同利益出发思考问题，为班级建设献计献策。			
班级会议背景： 　　班级是学生的自治平台，学生是班级的主人。为了调动全班学生参与班级管理的积极性，培养学生的主人翁意识，以及自我管理、自我教育、自我服务的意识，需要借助班级会议这个有效途径。 　　开学初，班长冰冰同学提议大家带些绿色植物来美化班级，得到了大家的积极响应。随后，我指定了两位同学来做护绿员。可是，试行了一段时间后有同学反映护绿员在管理绿化时没有尽职，使得花草都枯萎了。针对这个问题，有同学提出要进一步完善小岗位制度，明确岗位职责，也有同学附议。于是，我决定召开一次班级会议来进一步讨论如何完善我们的小岗位制度。			

（续表）

班级会议程序：
1. 宣布会议规则。
2. 介绍会议背景。
3. 提出动议，并进行表决。
4. 会议总结。

班级会议流程		
环节	会议内容	设计意图
宣布会议规则	1. 介绍会议的基本工作人员。 2. 会议主席核对人数。 3. 宣布会议规则。	让学生了解本次班级会议中人员的分配及各自承担的职责。明确会议规则和会议基本流程，提高会议讨论的有效性。
介绍会议背景	1. 班主任指定的护绿员没有尽到自己的职责，使得花草都枯萎了。 2. 完善小岗位，并明确岗位职责。	让学生了解本次会议的主题，明确目前存在的具体问题，思考并提出相关的议题，通过我们的班级会议完善班级小岗位。
提出动议，并进行表决	动议一：护绿员竞聘上岗，由全班同学投票选出最合适的人选，明确护绿员的工作职责。 动议二：班级设立不同的岗位，让每个人都参与到班级管理中来。 全班同学举手表决，宣布结果。	动议的提出建立在学生对班级小岗位制度的进一步思考的基础上，也是在之前的护绿员问题上的一种提升。针对问题提出动议，如果存在不同意见可以进行讨论。一正一反地表达观点，一事一议，避免重复和无效的讨论。民主投票要体现公平、公正、公开的原则。
会议总结	动议通过后要落实到具体的行动中，并有相应的监督机制。让每个小岗位都能发挥自己的优势，为班级建设出力。	动议通过，说明学生对于问题的思考有针对性和全面性。后续只有在动议的落实上下功夫，才可以将动议落地，真正为班级建设添砖加瓦。
反思重建		

  这次班级会议围绕班级岗位设立开展。之前我只考虑到了班级管理的需要，因此设立了护绿员这个小岗位，并指派了两位同学做护绿员，但我没有考虑到他们是否适合这个岗位，如何让他们适应这个岗位，这样一来就出现了问题。岗位

(续表)

反 思 重 建
设置应该是"因人设岗"而非"因岗设人",基于以上认识,我召开了本次班级会议,让学生根据自己的特长,自己来选择岗位,培养他们的责任心和民主意识。在这过程中,学生懂得了如何履行义务、承担责任,如何关爱同学,如何宽容、协作地来处理冲突。在解决班级问题的同时,我们也将其中蕴含的育人价值充分挖掘出来,很好地实现了班级管理和育人的统一。

会议现场实录[①]

一、宣布会议规则

1. 宣布会议的基本工作人员

主席:同学们,本次会议由我担任主席主持会议;由冰冰同学担任记录员,负责记录会议的内容;由亚真同学担任观察员,负责计时和提醒发言次数。

2. 会议主席核对人数

主席:本次会议应到32人,实到32人。无人缺席。

3. 宣布会议规则

主席:经过前几次的班级会议,我们已经知道了班级会议是讨论班级公共事务、解决班级问题的一个平台,大家都是班级的小主人,所以希望大家积极发言,大胆表达自己的观点,为班级献计献策。但是在会议过程中也请大家遵守议事规则,特别要注意,每项议题每人只能发言两次,每次发言时间不超过两分钟。还有,当一个动议提出后,大家只能针对这一动议进行讨论,如果这个动议的赞成票超过了总人数的三分之二(即22人),那么就算通过,如果没有通过,则可以提出新的动

[①] 执教教师为上海市徐汇区光启小学吴婷。

议。大家清楚了吗？

生：清楚了。

二、介绍会议背景

主席：下面我们就正式开始班级会议。开学初，班长冰冰同学提议大家带些绿色植物来美化班级，得到了大家的积极响应。随后，我指定了两位同学来做护绿员。可是，试行了一段时间后有同学反映护绿员在管理绿化时没有尽职，使得花草都枯萎了。针对这个问题，有同学提出要进一步完善小岗位制度，明确岗位职责，也有同学附议。现在，我们就召开班级会议来进一步讨论如何完善我们的小岗位制度。

三、提出动议，并进行表决

生：我提出的动议是护绿员竞聘上岗，由全班同学投票选出最合适的人选。明确护绿员的工作职责。护绿员负责班级植物的养护工作，定期给花草浇水、修剪枝叶、晒太阳。采取竞聘上岗的方式，公布人数和条件，让大家自愿报名，然后由全班同学投票选出最合适的人选。如：护绿员需要人数是2人，奖励积分是35分，有养花经验者优先。我觉得前面两位护绿员之所以会出现问题，是因为他们没有明确自己的工作职责，不知道应该做些什么，如何管理，如果我们把具体要做什么事情说清楚了，就不会出现这样的情况了。另外，我建议让同学们自己来选择岗位，这样可以便于同学们更好地胜任岗位，培养他们的自信心和责任心，激发他们工作的积极性。

主席：我们先对护绿员这个岗位职责进行讨论。

主席：大家对这个岗位的职责要求还有什么意见或补充吗？

主席：那我们先对这一条动议进行表决，同意的请举手！表决结果，全班通过。

主席：接下来，我们针对"护绿员竞聘上岗，由全班同学投票选出最合适的人选"这一动议发表自己的意见。有不同意见的同学可以先发言。

生：主席，我不同意这位同学的动议，让同学们自己来选，如果有好几个人都想竞争这个岗位怎么办？大家争来争去由谁来当好呢？我觉得还是由老师指派比较好。

生：主席，我不同意刚才这位同学的看法，老师指派的不一定是最适合的，这样也不公平。每个人最了解自己，谁要做这个岗位让他们自己说说为什么选择这个岗位，有什么能力担当这个岗位，再由大家一起来评判，选出最合适的人选，这样才能体现公平、公正。

生：主席，我觉得有些同学自己也不知道自己会做什么，只有做过了才知道。还是由老师来决定吧！

生：主席，我同意让同学自己来竞聘上岗，有些同学自己家里也种植了花草，这样就有经验了，做起来可能更得心应手一些。老师不一定了解他们在家的表现和在这方面的能力。

主席：还有不同意见吗？下面我们对这项动议进行表决，同意自主竞聘的同学请举手！

主席：赞成票30票，反对票2票，根据议事规则，赞成人数超过总人数的三分之二即为通过，因此这个动议通过。

生：我提出的动议是班级设立不同的岗位，让每个人都参与到班级管理中来。现在班里有些同学有自己的岗位，但还有很多同学没有岗位，我觉得应该让每位同学都参与到班级的管理中来，这样可以培养大家的责任心。

师：是否有同学有不同的意见？有不同意见的同学可以先发言。

生：主席，我不同意刚才那位同学的动议，每个人都设立岗位不可行，有的同学自己都管不好自己，怎么去管别人呢？

生：主席，我不同意上一位同学说的，正因为有些同学平时比较顽皮，更需要通过小岗位来培养他们的责任心，让他们有事情做，体会到做事情的成就感。

生：主席，我同意第一位同学的说法，有些同学责任心不是很强，可能无法胜任小岗位的工作。

生：主席，我觉得很多同学不是不想做，而是没有机会做，我们应该给每位同学提供均等的机会。我们可以对一些同学进行"岗位培训"，还可以找一些班干部进行监督检查。

主席：下面我们对"班级设立不同的岗位，让每个人都参与到班级管理中来"这个动议进行表决，同意的请举手！赞成票26票，反对票6票，根据议事规则，超过总人数的三分之二即为通过，因此这个动议通过。

四、会议总结

作为班级中的一员，大家都积极参与两个动议的讨论。对于小岗位的设置与人员选拔，大家纷纷发表了自己的想法。希望本次班级会议结束后，我们大家都能想一想：如何积极参与班级管理，如何履行自己的职责。大家一起齐心协力，把班级建设得更好！

班会时间

2. 班干部的竞选与评议

——班干部竞选：竞选评议两不误

早上7：50，我走进教室，同学们三五成群地聚在一起，似乎在讨论着什么。"老师，大家在说为什么隔壁班的班长和副班长都选好了，我们班还没有选?"班里的几个同学七嘴八舌地问我。

这么一说,我突然明白,原来大家平时不说,但心里还是很关心班干部选举这件事的。既然这样,我何不来个新尝试,通过班级会议来明确班干部的职责,进行班干部的竞选演说——把班级管理的主动权交给学生。

随即我向同学们宣布:"我们将通过班级会议进行班干部选举。希望每个同学都抓住这次机会展示自己,积极争取。给大家一个星期的准备时间,下个星期我们将进行选举,公平竞争。"话音刚落,同学们就面带笑容,满心欢喜,就连我们班最不爱写作业的姚同学都站起来问我:"老师,我要是这一周都能按时完成作业的话,可以参加竞选吗?"听到这话,我是又惊又喜,连忙回答:"可以,当然可以,老师对你有信心!"

面对孩子们高涨的热情,我心中也充满期待。有关"班干部选举"的班级会议即将拉开序幕。

准备——摩拳擦掌

在宣布后的一周里,我意外地发现,同学们的作业质量高了,听课走神的人少了,班级里的小岗位落实都比以往更到位了,连任课老师都说我们班进步很大。这一刻我深刻地领悟到,没有一个学生是不想变优秀的。同学们都在积极准备着:有些同学下课时,仍然在认真地阅读着课本;有几个同学聚在一起,讨论着谁会选上,自己又会选谁。离选举班干部的日子越来越近了……

选举前——意外降临

"叮铃铃……",下课了,有两个男孩风风火火地跑到我办公室告诉我:"周老师,小姚和小毛吵起来了,结果小毛打了小姚,小姚哭了。"了解情况后才知道,原来他们争吵的原因也是为了选班干部:姚同学想选班干部，自己在准备着演讲稿，结果毛同学看到了，认为他学习不好，没资格选班干部。姚同学不乐意了，认为毛同学除了学习好，其他什么都不会做，才没有资格竞选，两人争执不下，竟拉扯了起来。同学之间也你一言我一语地争论了起来。我赶紧回到教室，看到他们还在争辩，于是示意他们停下来，我一边安慰着姚同学，一边说："每个人都有被选举和选举他人的资格，但是选举班干部的条件与标准是不是在大家心里都有一把尺、一杆秤？怎样的同学能当选班干部，我们又要选怎样的班干部？"同学们都低头不语，默默思考。"这样吧，我们在进行班干部选举会议之前，先开一个预备会议，来讨论一下在你心目中班干部应该是怎样的，好不好？"说着，我们就利用午休时间，让同学们各自表达自己的观点。

李同学站起来说："我认为当班干部首先要学习好，其次要能帮助老师管理好班级。"这个动议一经提出，其他同学纷纷举手。有些同学认为学习好的同学能力不强也不行，有些同学则认为学习好、遵守纪律是首要的，这样才能服人。同学们的讨论异常激烈，大家各抒己见。经过表决后，有超过一半的同学认同这个动议。不同意的同学提出了新的动议，他们认为"班干部的学习不用很好，学习一般也能成为班干部，最主要的是要能为班级做事情。"大多数同学们认为这条动议也非常好，可以作为决议的补充，也就是在前面一条标准无法达到的情况下，可退而求其次使用这条。毕竟同学们一致认为"有想成为班干部"和"有为班级服务的意愿"，才是更为重要的，说明他们的观念正在从以个人为中心转变为以集体为中心。

选举进行时——百花齐放

短短一周转瞬即逝，我们终于迎来了激动人心的班干部竞选演说时刻。在班级会议开始之初，我简要地介绍了一下本次班级会议的主题及流程，接下来就是孩子们展示的时间了。他们以"谁举手谁发言"的方式上台发表竞选感言,发言水平让我刮目相看。

首先上台演讲的是我们班级的语文课代表李同学:"敬爱的老师,亲爱的同学们:大家好!我想竞选班长。我学习努力,目前担任语文课代表一职,是老师的小助手。如果我能成功当选班长,我会好好为同学服务,积极协助老师;如果我没有当上,我也不会气馁,我会继续努力。请同学们支持我。"看着这么稚嫩的孩子说出这么有模有样的话,还真出乎我的意料。还记得之前看到他每节课下课时就伏在桌上使劲地背诵,原来是有备而来啊!

"我想当班长,虽然我学习不够好,但是我爱劳动。我会努力,希望大家给我一个机会,我会好好为大家服务,谢谢。"这是前面提到的姚同学,没想到他真的来竞选了,态度诚恳,言辞真挚,不少同学也被他打动。

"大家好,我想竞选学习委员一职。我上课认真听讲,也能认真完成作业,学习成绩优秀。我会积极主动地帮助同学们,努力做好老师的小助手,希望大家支持我。"这是冯同学的竞选演讲,没想到平时腼腆的她也有热情的一面,我心里不禁乐开了花,原来这个不声不响的女孩也是很有抱负的嘛!

……

最后通过投票,李同学以多数票当选为班长,冯同学等其他三位同学分别当选为学习委员、卫生委员、文体委员。

看着孩子们一个个纷纷上台演讲,台下的同学也非常积极地发表着自己的见解,我越来越觉得较之以往的班干部选举,这次通过班级会议形式来开展的竞选更民主,也更贴近学生。学生真正有了话语权,他们的语言最质朴也最直接,最简单也最能触动心弦,从而避免了以往选举中部分学生的旁观心理和从众心理。在这次的选举活动中,每个人都能讲出选或不选的理由,并从中清晰地认识自己、了解同学,关注班级的发展。

不一样的班会

小干部监督——责任落实

通过班级会议的选举,共产生了4名班干部。当选的同学们仿佛一下子长大了,自我管理的能力也提升了不少。可是,好景不长,不久就有同学来找我投诉,向我诉苦。例如,有些同学当上干部后,不能以身作则;有些班干部则是忙于帮助其他同学,而忽略了自身的学习;还有些班干部由于管理或与同学沟通方式方法不恰当,引起了同学们的反感,可谓当选容易,做好难。怎样才能建立好班干部这支队伍,让他们真正成长,从而更好地为班级服务呢?

班干部是通过班级会议选举出来的,既然这样,那么班干部队伍中出现的问题,也应该通过班级会议进行讨论、解决。

于是我们针对班干部工作中的种种问题以及同学们的困惑,设计了班干部工作小调查,通过问卷的形式,了解班级同学对班干部工作的评价,以及同学们的需求,了解有哪些班干部是没有负到责任的,哪些班干部是脚踏实地为班级干实事的。通过问卷,班干部的实际表现一览无遗。在班级会议中,我们把调查问卷中发现的表现好的、获得同学们认可的事例拿出来讨论:为什么大家会认可这个班干部的表现?有些班干部处理有失偏颇,又该怎么处理?就这样,在一次次的评议中,班干部和同学们的关系更为融洽。在班级会议的讨论中,大家又提出了"双班委"制度,从选举到上任,同学之间相互监督,互相借鉴,不仅完善了中高年级班干部的培养机制,同时更增加了学生的自信、自理能力,班级的管理走向更好的发展方向。

经过班级会议讨论,最后大家一致通过"班干部管理守则""班干部监督机制""争做明星小干部"等决议,完成了对"突发事件中班干部的应对机制"的修订。此后,班干部的工作能力更强了,做事更稳妥了,而其他同学也比之前有了更大的进步,更勇于发表自己的观点,班级小主人的意识更强了。

> 附：

班会预案设计

学校：上海市静安区静安小学	班级：二年级(3)班	参会人数：	应到：26人
			实到：26人
会议主题：班干部竞选		会议主持：周灵超	

班级会议目标：
1. 通过班级会议，帮助学生树立主人翁的精神，并使学生学会从集体的共同利益出发思考问题，为班级建设献计献策。
2. 通过班级会议，培养学生认真倾听、大胆发言的好习惯。
3. 通过班级会议，让学生学会肯定其他同学的长处，指出不足的地方，做到公正、公平地推选出班干部。

班级会议背景：

  在学习了相关理论书籍后，我将班集体建设的落脚点定在了班级会议上。这和传统意义上的班级会议有所不同，在班级会议中，教师不再是指挥者，而是一个倾听者。在这个平台上，学生可以就班级中出现的问题或需要讨论的内容，发表自己的看法与观点，最终通过举手的方式进行表决，从而解决班级内部或在班级建设中需要解决的一系列问题。

  一年级上学期，结合道德与法治课程内容及班级建设，我们开展了班级岗位创建和认领活动，班级里的每一位学生都承担着班级里的一个或多个小岗位，经过为期半年的实践锻炼，大家的集体意识、班级服务意识都有所增强。在创建班级小岗位及后续岗位执行跟进的过程中，我们通过班级会议，先后开展并解决了"垃圾丢弃时间""挤洗手液岗位是否需要"等问题。通过班级会议的讨论，不仅能促使学生更好地履行自己的岗位职责，也能让他们真正地从班级的利益出发为班级服务。

班级会议程序：
1. 导入主题。2. 宣布规则。3. 演讲评议。4. 总结延伸。

班级会议流程

环节	会议内容	设计意图
导入主题	1. 介绍班级会议背景。 2. 班级会议回顾。 3. 宣布班级会议主题。	小干部竞选一直是班级里的一件大事，每次在竞选期间，大家都会积极投入。公开、公平、公正的选举形式可以让学生在分享交流中学会看到他们自己的长处，并使班级中形成良好的民主氛围。

（续表）

班级会议流程		
环节	会议内容	设计意图
宣布规则	1. 宣布主持人、观察员、记录员。 2. 确定每位同学发言的时间与次数。 3. 确定决议通过的方式，投票选出班干部。	明确班级会议的规则，知晓每一位成员需要承担的责任。如此精确的分工也让学生明确了在会议开展过程中需要遵守的原则，这样有利于班级会议的开展，也免于在会议过程中发生低效、无效的发言。
演讲评议	1. 李同学的竞选演讲与评议。 2. 姚同学的竞选演讲与评议。 3. 张同学的竞选演讲与评议。 4. 冯同学的竞选演讲与评议。 5. 许同学的竞选演讲与评议。 6. 陈同学的竞选演讲与评议。	一方面给予学生充分发言的机会，让他们敢于表达自己的观点。另一方面培养了学生倾听与表达的能力。此次竞选与传统的班干部选举采用的由班干部单一演说不同的是：根据同学们对竞选班干部的评价，竞选班干部们能更客观地了解到自己的优势与不足，以便在之后的学习和工作中进行改正完善。
总结延伸	宣布经过民主投票选出的本届班干部的名单，希望当选者认真履职，希望其他同学能够全力支持。	祝贺并肯定当选的同学，鼓励未当选和未参选的同学，感谢他们的积极支持与配合，期待大家能一起共同开展班级工作。用班级会议来解决干部选举，既是一次改革，也是一次尝试，相信一定会取得很好的效果。
反思重建		

　　本次班级会议打破了以往传统的班干部选举的模式——参选者演说，同学们投票。在传统班干部选举中，我们往往偏重两个内容：群众基础和学习成绩，而且还有"人云亦云"的趋势。而班干部在实际履行职能时，他的能力与处事方法有时得不到同学们的认可，所以在班干部选举时，当竞选同学发表完竞选感言后，其他同学可以根据该同学所述，联系校园生活实际，进行评价，让竞选者及时了解自己的长处与不足。在活动结束之后，我也在反思：如果能让4位当选的同学说一说他们参与竞选的收获，以及听了同学们对他们的评价之后接下来打算如何开展工作，这样会更好。我还可以让参与投票的同学说一说觉得自己能向谁学习、自己有什么样的收获、自己该如何配合与支持班干部的工作，相信这样补充和调整一下会更好。

会议现场实录[1]

一、导入主题

1. 介绍班级会议背景

主席：同学们，去年我们背上书包，成为一名光荣的小学生，戴上了鲜艳的绿领巾。这半年来，我们都有自己的小岗位，都为班级做出了属于自己的一份贡献。今天，希望大家能够继续通过班级会议为班级的建设建言献策，共同选出我们最合适的班干部。

2. 班级会议回顾

主席：上阶段，我们就班干部的职能进行了班级会议讨论，大家都非常积极，对班干部队伍中的班长、学习委员、卫生委员、文体委员等职务进行了讨论，制定了每个班干部的职能。请同学们再回顾一下。

3. 宣布班级会议主题

主席：今天，我们就将进行班干部的选举，请同学们在后备班干部发言后，对他们的发言和平时表现进行评价，最终通过投票选举出本届我们班的班干部。下面请副班主任王老师来宣布一下本次班级会议的规则。

二、宣布规则

主席：本次会议由我担任主席主持会议；陈老师担任记录员，负责记录会议的内容；杨同学担任观察员，负责提醒大家发言次数。大家同意吗？

生：同意。

---

[1] 执教教师为上海市静安区静安小学周灵超。

主席：本次会议应到26人，实到26人。无人缺席。经过前几次的班级会议，我们已经知道了班级会议是讨论班级公共事务、解决班级问题的一个平台，大家都是班级的小主人，所以希望大家积极发言，大胆表达自己的观点，公正地评价同学。在会议过程中也请大家遵守议事规则：每位同学发言前需举手示意，发言时请面对主席，当对同学说的话有不同意见时，也需举手获得主席准许后，方可发言。每个人有两次发言的机会，要珍惜哦！当一位同学演讲完之后，同学对他进行评价，然后请第二位后备干部上台演讲。这次一共有6位同学参加班干部竞选，最终我们将选出4位同学担任本届班干部。当所有同学演讲完毕，我们将进行不记名投票，从6个人中选4个，票数过半，则该同学成为本届班干部，大家听清楚了吗？

生：清楚了。

三、演讲评议

1. 李同学的竞选演讲与评议

生：敬爱的老师，亲爱的同学们，大家好！我想竞选班长。我学习努力，目前担任语文课代表一职，是老师的小助手。如果我能成功当选班长，我会好好为同学们服务，积极协助老师。如果我没有当上，我也不会气馁，我会继续努力。请同学们支持我。

生：李同学学习很好，平时也能帮老师做事，我有不懂的地方，他也会教我，我同意他担任班长。

生：李同学学习是很好，可是他太自私，只有老师叫他做事，他才做，有次我不当心碰到他，他很凶，我不同意他担任班长。

生：我不同意你的说法，以前李同学会有一些凶，可是现在他不一样了，如果我们有困难，他会帮助我们，我同意他担任班长。

生：我同意他做班长，他虽然比较严格，但是他也很负责。尽管有时候有点凶，其实他是为了提醒大家。

主席：看来同学们对于李同学担任我们班的班长有不同的意见。同学们肯定了他学习方面的优秀，对于他对待同学的态度，有些同学觉得他有点凶，有些同学认为他在进步。希望大家能综合考虑，客观公正地进行投票。

2. 姚同学的竞选演讲与评议

生：大家好，我是小姚。我想当班长，虽然我学习不够好，但是我爱劳动。我会努力，希望大家给我一个机会，我会好好为大家服务，谢谢。

生：我同意小姚做班长，他每次都能很好地完成老师交给他的任务。

生：我也同意小姚做班长，我觉得他对待班级事务和同学们都非常热心。

主席：还有同学要补充发言吗？如果没有就请下一位同学。

3. 张同学的竞选演讲与评议

生：同学们、老师们大家好，我是小张。虽然我是下半学期才转到我们班级里的，但是我很热爱我们班级，也很喜欢大家。我希望自己能为班级、为同学服务，所以我想担任卫生委员一职，负责班级卫生工作，我一定会好好努力，希望大家支持我。

生：我同意小张做卫生委员，他非常认真，也很友善。而且他周围地面很干净，都没有垃圾。

生：我也同意。有时候，我们去排队了，我看到小张会留下来，把没有放好的椅子摆放整齐。

生：而且小张除了特别注意环境卫生以外，他学习也很认真、积极，我们要向他学习。

主席：好的，看来同学们都很注重观察我们身边的一些小细节，小张为班级同学做的点滴，大家都看在眼里。

4. 冯同学的竞选演讲与评议

生：大家好，我想竞选学习委员一职。我上课认真听讲，也能认真完成作业，学习成绩优秀。我会积极主动地帮助同学们，努力做好老师的小助手，希望大家支持我。

生：我同意小冯担任学习委员。她学习优秀，也经常帮助同学，老师交给她的任务，她都能很好地完成。

生：我不同意小冯担任学习委员。她说话声太小了，一些同学不学习，她也管不了他们，能力太弱了。

生：我不同意你的说法。小冯非常负责任，每当同学们遇到困难时她都很热心地帮忙，说话声音小不能代表能力弱。

主席：所以你的观点是支持她担任学习委员的对吗？

生：对的。

主持人：同学们要根据每个班干部的职能来看他是否合适，能否胜任这个班干部岗位。

5. 许同学的竞选演讲与评议

生：大家好，我是小许，今天我很高兴能站在这里。我要竞选的是班级的文体委员，我以前一直负责领队，带大家做操进场，我觉得我能胜任，希望大家相信我，给我一个机会，谢谢大家！

生：我觉得小许平时领队动作太慢了，尤其是放学的时候，我们书包都已经理好了，开始排队了，但是他还没有理好书包，导致所有排队的同学都在等他。

主席：所以你的态度是？

生：我不支持小许做文体委员。

生：我觉得小许可以做文体委员，他领队喊口令声音很响亮，同学们也能迅速排好队伍。

生：我觉得小许可以做文体委员，有些同学排不好队，他就会一遍一遍地喊口令，也会到队伍里提醒这个同学站好。

主席：看来小许的工作态度是很认真的，就是速度慢了，同学们给你提出的这个问题，你能接受并改正吗？

生：我知道了，我以后会抓紧时间的。

主席：好，后面一位同学。

6. 陈同学的竞选演讲与评议

生：大家好，我是小陈，我来竞选文体委员。我很喜欢唱歌跳舞，我参加了很多社会实践活动，会组织同学排练节目。我非常乐意帮助同学们，希望大家能支持我。

生：我不支持小陈担任文体委员。小陈是很愿意帮助同学，可是她写作业速度太慢，容易分心，我觉得她担任这个岗位会影响她学习。

生：我也觉得小陈不能担任，因为她是英语课代表，再做文体委员，会忙不过来的。

生：我觉得小陈可以试试，因为她会很多才艺，画画也画得好，可以帮忙设计板报。

主席：除此以外，还有谁想说一说自己的看法？其他同学说过的就不用再说了。好，以上6位同学都演讲完了，现在请副班主任发选票，请同学们选择4位同学担任本届班干部。

主席：根据得票情况，恭喜李同学、许同学、冯同学、张同学当选为本次班干部，请同学们掌声鼓励。

四、总结延伸

主席：我想在本次班级会议中能上来参加竞选的同学都是很优秀的，他们都有一颗为班级服务的心。希望更多的同学也能参加到这支为班级服务的队伍中来。选上的同学希望你们不骄不躁，继续努力，做好班干部和班级的领头羊；没有选上的同学也不要气馁，希望你们听取班级会议中同学给你们提出的建议，相信你们会更优秀，下次再努力。好，本次班级会议圆满结束。

后记一
致班主任工作的同行们

也许你是一位资深的班主任，
也许你还是一位教育事业的新人。
你在班务繁忙之余是否想过，
什么才是班主任最主要的责任？
也许有的人会说，班主任就是要把班级"烫平"，
为课堂教学提供安静的环境。
这样不但可以减少自己的许多"麻烦"，
还会受到各科老师的欢迎；
也许有的人会说，班主任就是要设计精彩的活动，
在公共场合展示自己的能力；
也许有的人会说，班主任就是要培养尖子生，
让他们在各类竞赛中频获佳绩。
这些话似乎都有点道理，
但却有一些片面，
忘了让全班学生健康发展、茁壮成长，
才是班主任工作的根本。
人们都说教师是人类灵魂的工程师，

那班主任就是工程师中的主力军。
我们的工作不能只看到眼前,
还要关注孩子们的一生。
今天,我们教的是小学生,
明天,他们是要去担负建设祖国重任的建设者。
如果我们满足于包办代替,
怎么能充分发挥孩子们的潜能?
如果我们总是搞一言堂,
孩子们长大后就只会盲从。
如果我们热衷于搞花架子,
孩子长大后就会追求虚荣。
现代社会需要创新的人才,
创新的人才需要有独立的见解。
独立的见解不是随心所欲地表达,
这需要我们的孩子们能够学会集体的事情一起商量,
毕竟,众人的智慧胜过个人。
只有学会在协商的基础上达成一致,
做起事情时才能齐心合力。
成为班级的小主人不应该只是空谈口号,
决定了就要付诸行动。
每个人要在集体中找到岗位,
履行为大家服务的责任。
班干部要接受全班同学的监督,
做得好与不好由大家来评论。
从小培养学生的核心素养,
他们长大后才能弘扬社会新风。
今天引导他们当班级的小主人,

明天他们才能成为国家的主人翁。

这才是班主任工作的意义所在,

这才是班主任最大的幸福与光荣!

冯志兰

2021 年 6 月诗成于吴中路家中

后记二
感谢有你们，一路相伴
——致为本书成稿无私奉献的良师益友

2016年4月，上海市班主任带头人冯志兰工作室正式成立。来自徐汇、静安、闵行、浦东、青浦、嘉定、奉贤等区的十位学员走进了工作室这个"励志育兰"的温馨家园，一同研讨班主任工作的理论与实践。一首藏头诗表达了我们工作室的研修宗旨：

励行引领精主持，
志存高远期造极。
育德润魂品牌树，
兰心蕙质素养提。
相互增能畅充电，
约定孵化汇名师。
成就北辰启辉耀，
长进扬声誉传奇。

"励志育兰"是工作室的室名，更是工作室研修的主旨，励志为育兰指明方向，育兰为励志搭建平台。近五年来，工作室着力于激发励志动力，破解育兰密码，提升班主任的专业素质和文化修养，取得了较为丰硕的收获。本书就是凝结了工作室智慧的产物。

本书在撰写过程中得到了许多教育界同仁的关注和指导。在此，感谢那些充满情怀的良师益友——

感谢最先提出班级会议理念的马兰霞老师。她是先期的实践者,更是我开展班级会议研究的引路者。正是循着马老师班级会议的足迹,我们才走到了今天。

感谢导师张鲁川老师,是他一路伴随着工作室的研究,从阅读书目的推荐,到班级会议理论观点的指导,再到班级会议课堂实践的深入。张老师从专业的角度给予了我们高位的思考,把我们的研究推向深入。

感谢上海市学生德育研究中心副主任孙红女士。在班级会议研究进入课堂实践后,她多次莅临第一线,参与会议的全过程,并向我们提出了关注低、中、高年级班级会议模式的异同点,拓宽了我们对班级会议研究的新思路。

感谢德育课程专家张振芝老师。在进入班级会议研究的后期,张老师多次亲临会议现场,并提出了后续研究的改进之处。在本书撰写的过程中,张老师对书稿案例叙事的修改给予了具体的帮助。作为一路看着我成长起来的导师,张老师始终关注着我的点滴进步。

感谢工作室的优秀学员吴屹、解秋婉、吴凡。这三位充满教育情怀的老师成了书稿修订组的核心成员,我们多次利用假期时间一同对书稿的内容进行梳理、补充、修正,力图让书稿更接地气,更能被一线班主任接纳。

感谢上海市德育特级陈镇虎老师、张小敏老师、张蔚芹老师对《不一样的班会》一书的关心和指导。

一直觉得自己是个幸运儿,在教育的这片沃土上尽情地耕耘,快乐地收获。一路上,总有许多信任的目光关注我,总有许多亲切的声音鼓励我,总有许多温暖的手帮助我,让我在本书撰写的过程中,经历了又一次蜕变和成长。感谢有你们一路相伴!

冯志兰
2021 年 7 月感恩于吴中路家中